学校生活のための
ためのにほんご
やまのぼり

加藤美乃里・百瀬千里・西尾 淳・栗林恭子

START

はじめに

　21世紀も中盤に差し掛かり、世界のグローバル化はますます進んでいます。来日し定住する外国由来の人々も増加し、その居住地域は大都市に限らず、地方にも広がっています。

　私たちが活動している長野県も例外ではありませんが、大都市と異なるのが、人々が地域に散在していることです。子どもたちについていえば、日本語指導が必要な児童生徒の人数が1校当たり5人未満という学校が少なくありません。そのため、対象の子どもが少ない学校には、専門的な日本語指導の手が届きにくく、学校職員にしろ支援者にしろその子に関わった者が孤軍奮闘していることも多いのが現状です。

　「外国由来の子どもたち全員に必要な日本語支援を」と、2008年にNPO法人中信多文化共生ネットワーク（CTN）が設立、翌2009年に「松本市子ども日本語支援センター」（2016年に「松本市子ども日本語教育センター」に改称）が設置されました。2012年、松本市教育委員会の「日本語を母語としない児童生徒支援事業」を受託し、松本市内の小中学校で、多くの日本語指導が必要な子どもたちをサポートしてきました。

　日々支援を続ける中、私たちは「学校生活に即した内容かつ言語の4技能（聞く、話す、読む、書く）が学べるテキストがほしい」と感じるようになりました。子どもの場合、将来のキャリアまで見据える必要があり、そのためにも教科学習を理解するための日本語の力が必須となります。その土台となる日本語の基礎を4技能トータルで学べるテキストを、との思いから、数年前に教材作成プロジェクトを立ち上げ、試行錯誤して完成したのがこのテキストです。

　『学校生活のためのにほんご　やまのぼり』は、努力も時間も必要な日本語学習を、長い道のりを苦労して登る登山になぞらえて名付けました。1合目からスタートし、少しずつ「日本語の山」を子どもたちと先生、支援者がともに歩んでいきます。そして、最終的には子どもたちが自力で頂上にたどり着けるよう、このテキストがその一助となることを願っています。

2023年7月
『学校生活のためのにほんご　やまのぼり』
作成チーム

日本語指導のための Q&A

1 初めて子どもを迎え入れたときに こころがけること

Q 「明日転入します」と突然連絡がありました。どうしたらいいですか。

A まずは、関係者（管理職、担任、学年主任、養護教諭、事務職員、関わる可能性のある職員ら）を集め周知します。受け入れ態勢および日本語教育のための支援体制を整えます。保護者と転入生に説明をするための通訳を手配します。自治体（教育委員会や人権共生課、福祉課など）との連携も必要不可欠です。

（例）校内に日本語教室がある場合…日本語教室入級の準備を進める。

校内に日本語教室がない場合…自治体に日本語教育人材派遣について問い合わせる。子どもに合った日本語教材を用意する。 など

Q 校内でその国の言葉がわかる人が誰もいません。どうすればいいですか。

A まずは、「はい／いいえ」やあいさつ、「かして」「いい／だめ」「あぶない」など、言葉自体が短くかつ実用性の高いフレーズ（サバイバル日本語といいます。本書の1合目で取り扱っています）から教えます。また、話しかける際はそのフレーズで答えられるような、短くはっきりとした質問をする配慮が必要です。イラストや実物を指し示しながら、ジェスチャーで伝えるのもいいでしょう。それでも伝わらないことや急を要する場合には、翻訳ツールを使って伝えましょう。翻訳ツールは近年精度が高くなってきており大変便利ですが、あまり頼りすぎてしまうと日本語を学ぶ必要性を感じとりにくくなってしまうので、注意が必要です。

Q クラスメートの子どもたちには、
事前にどんなことを伝えておいたらいいでしょうか。

A 外国人の多く住む集住地域では、受け入れる側も慣れていることもあるでしょうが、散在地域では、先生も子どもたちも初めての経験ということが少なくありません。また、「外国人＝英語を話す」という固定観念を持ちがちです。転入がわかった時点で、担任の先生からクラスの子どもたちへ転入生の出身国や母語のこと、日本語をこれから学習することなど、丁寧に説明してあげてください。外国にルーツのある子どもを受け持つということは、先生にとってもクラスメートにとってもグローバル教育につながる絶好のチャンスと捉えてください。

Q 学校生活の中でみんなと同じように行動できない場面があります。
どうしたらいいですか。

A 日本の生活習慣や学校生活などは、母国の文化と大きく異なります。例えば給食。アレルギーや宗教上の戒律から食べられないということも考えられます。また、日本食になじみがないということもあるでしょう。まずは食べない理由を探りましょう。お弁当を持参する、お箸ではなくフォークやスプーンでもいい、という柔軟な対応も必要です。また、クラスメート全員で毎日掃除をするのも日本独特の文化です。清掃業者に託して全くしないという国から、当番制でその当番が回ってくるのも年に数回、という国も多いです。

　みんなと同じことができないのには、理由があります。相手の国の文化を尊重し、必要なことは伝え、無理をせず少しずつお互いに慣れていきましょう。

　保護者にも通訳を介し、丁寧に伝えましょう。

Q クラスメートとトラブルになってしまったときは、
どう対処したらいいでしょうか。

A まだ日本語が理解できないうちは、トラブルの原因をつかむのは難しいこともあると思います。文化の違いだけでなく、言葉がわからないことへのいら立ち、孤独感といった心理面が原因のこともあるかもしれません。言葉がわからないことで外国にルーツのある児童生徒が一方的に悪者になってしまわないよう、配慮が必要です。友だちをたたくなど暴力的な行動は、「だめ」と強い態度でやめさせると同時に、「やめて」「ごめんなさい」や「いれて」「いい？」など、その場で必要な言葉や対処法をやって見せてあげるといいです。

2 日本語教室担当教員や外部指導者等と担任との連携

Q 日本語教室では何をどう教えているのですか。
国語の勉強とは違うのですか。

A 日本語教育は、国語教育とはまったく別物です。日本語を外国語として捉え、体系的に教えます。まずは、学校生活に最低限必要な知識や表現など（**サバイバル日本語**）、それから文字や文型など日本語の基礎的な知識や技能を学びます（**日本語基礎**）。学習に参加するための言葉の土台を養い、日本語の習得に合わせて教科等の内容と日本語の表現を組み合わせて学びます（**教科につながる日本語**）。また、言語の4技能（**聞く、話す、読む、書く**）のうち、その子が苦手とする技能に焦点を絞って学習することもあります（**技能別日本語**）。

教科書の内容や授業の話がわかる日本語力を身に付けるには、5～9年といわれており、膨大な学習量が必要です。また多くの場合、日本語で日本語を教えます（**直接法**）。日本語教室での子どもの姿を、担任の先生方もぜひご覧になってみてください。

Q 日本語が全然わからない中、
子どもが原学級で過ごす時間は何をすればいいですか。

A 「ただ席に座っているだけ」ということがないようにしましょう。ひらがなを習得済みならば、教科書の漢字やカタカナにルビ振りをしてあげてください。意味がわからなくても"読む"ことができます。黒板の文字をノートに写すこともできます。多方面からの日本語のインプットは、日本語習得の近道になります。日本語教室で学習中の課題などを用意するのもいいでしょう。

担任の先生は、クラスメートはもちろん、中学校では各教科担任にも周知しておく必要があります。"日本語がわからないから何もできない"ではなく、"その子ができること"は何か、日本語教室担当教員や支援者に相談しましょう。

Q 原学級では、どんどん学習が進んでしまいます。
日本語教室に授業の補習をお願いしたいのですが、
どうすればいいですか。

A まずは、その子の日本語力で何ができるかを把握することが大切です。例えば、日記や作文のサポートができるかもしれません。ですが、「日本語教室で何をどう教えているか」（2・Q1）でも述べましたように、日本語の学習量は膨大です。日本語がある程度わかるようになるまで、まずは日本語教育を優先する必要があります。教科学習の補習は、日本語教室だけでなく、翻訳教材やICT教材を使うなど原学級でも工夫して進めましょう。文部科学省の「かすたねっと」というサイトでは、様々な教材検索ができます。多言語翻訳をしている教科書会社もあります。

Q 子どもが宿題をやってきません。
どうしたらいいでしょうか。

A 勉強嫌いで怠けていると思われがちですが、前述の給食や掃除と同様に、文化の違いが要因のこともあります。日本以上に宿題が多い国もあれば、宿題がほとんどないという国もあります。勉強は学校で行い、家では家族の時間を大切にするという考え方もあります。また、計算の仕方や記号など、そもそも学習進度が母国と異なっているために、自力で取り組めないということも考えられます。家庭での学習習慣の大切さについて、保護者にもよく説明して、協力して宿題の習慣付けをしていく必要があります。

3 学校と家庭との連携

Q 行事の連絡をしたいのですが、
保護者が日本語がわかりません。

A 教育委員会や自治体とも連携して、通訳や翻訳を依頼できるところがないか確認しましょう。また、「少しだけわかる」という保護者には、熟語の多い難解な日本語の使用を避け、やさしい日本語で伝えましょう。主述を明確に、一文は短く、やさしい語彙を使うなど少しの工夫で案外伝わるものです。（例　持参してください→持ってきてください。／お控えください→だめです。　など）

Q 無断で学校を欠席します。

A 欠席や遅刻の連絡方法について、よく保護者と確認しておきましょう。保護者連絡用アプリ等を使用する場合は、使い方について保護者に確認しておきましょう。電話だけでなくメールなど連絡ツールは複数把握しておくといいです。

Q 子どもの様子がおかしいです。家庭で何か抱えているようです。どこに相談したらいいですか。

A 貧困、ネグレクト、ヤングケアラー……。考えられる問題はいろいろあります。外国にルーツがある子どもも、日本人の子どもと同様に関係部署との連携をとりますが、そこに自治体の多文化共生に関わる担当課（人権共生課、多文化共生課など、自治体によって名称が異なります）との連携も加えましょう。

また、通訳を手配して子どもの心の声を聞くことは、ぜひしてほしいことです。家族に言えない悩みを母語で思いっきり話すことで、解決の糸口が見えることもあります。学校だけで解決しようとせず、行政や民間の支援団体も巻き込んで、子どもだけでなく家族が社会とつながるような働きかけをしましょう。

メモらん

テキストガイド

1 このテキストの特徴

　学校生活ですぐに必要な「サバイバル日本語」を皮切りに、学校生活の様々な場面を追体験しながら日本語を学ぶことができるのが特徴です。日々の学校生活で誰もが必ず経験するであろう場面をピックアップし、徐々に表現の幅が広がるような構成になっています。

　また、「話し言葉」と「書き言葉」の違いも意識できるよう、テキストの初めから両者を扱っています。おしゃべりができるようになった子どもでも、耳から自然に覚えた言葉を整理し、正しく理解、使用できるようになることは重要です。本書は、その部分を大切に日本語の土台をしっかり固め、最終的には自力で教科書を読んで理解できること、自分の考えや学んだことを自分の言葉で表現できるようになることを目標にしています。

　本書では、初期指導としての「サバイバル日本語」「日本語の基礎」プログラム、中期指導としての「技能別日本語」プログラム（文部科学省『外国人児童生徒等受入れの手引　改訂版』、2019年3月、P.34参照）に該当する内容を主に扱っています。

2 対象

・ひらがな、カタカナを習得中、および習得済みの日本語を初めて学ぶ子ども
・日本生育だが、学習にうまく取り組めず言葉の整理が必要な子ども

3 教材の構成

・本冊
・web版アップロード教材
　もういっぽ①〜⑰、各合目のふりかえり（2〜5合目）、各課の指導のポイント（1〜5合目）、イラスト集
☆**すべてコピーフリー**です。子どもには、本冊、web版ともに必要な部分をプリントアウトし、ファイリングして持たせることをお勧めします。
☆web版アップロード教材は、カバーそでのURL、もしくは二次元コードからダウンロードできます。

4 本冊の構成（全体、各課）

　このテキストは5部構成になっており、学校生活の具体的な場面でそれぞれの課を構成しています。第1部（1合目）は「サバイバル日本語」、第2〜5部（2〜5合目）は「日本

語の基礎（名詞文、形容詞文、動詞文）」で、日本語の基本構造を学びます。と同時に、「学習言語」も意識し、学校の授業で扱われる独特な表現や語彙もできる限り扱っています。

　目次にあります「もういっぽ」「〇合目のふりかえり」は、web版にあります。学校の授業で扱う語彙、表現などを扱っていますので、子どもの年齢や興味、学習進度に合わせて適宜ご利用ください。

第1部（1合目）「サバイバル日本語」		

登校から下校まで一日の学校生活の流れに沿って、必要最低限の日本語表現を学びます。

第2〜5部（2〜5合目）「日本語の基礎」　各課6ページ構成		
1ページ目	ストーリーイラスト	本文の内容にあったストーリーのイラストです。
	おぼえましょう	この課で理解し、覚えてほしい基本文型です。本文から抜粋しました。
	この課のねらい Can Do	課の目標、できるようになることを明記しています。
2ページ目	本文	地の文と会話文で構成され、子どもたちの生活場面を文章化しました。目標となる文（「**おぼえましょう**」で扱う文）は太字で示してあります。
	先生方へ	各課の指導の着眼点、ポイントを提示しています。
3ページ目	ことば ひょうげん	新出語をイラストや例文とともに紹介しています。「**なかまのことば**」で言葉の整理をしましょう。
4ページ目	いいましょう	基本文型の代入や並び替え問題です。
5・6ページ目	はなしましょう	学んだ文型を使ってアウトプットする練習です。
	よみましょう かきましょう	簡単な読解や作文で読み書きの練習をします。

5 各課の基本的な進め方

> ### 1合目 サバイバル日本語
>
> 　イラストを見ながら場面を理解し、指導者の発話をまねしたり、場面を想定した簡単な会話練習をしましょう。体を動かしながら、日本語を使ってみましょう。
>
> 　この時期には、同時にひらがな指導も行い、2合目に入るまでに、ひらがなを一通り（清音、濁音、長音、促音、拗音）学んでおくことが望ましいです。

　指導者はまず、「この課のねらい　Can Do」と「先生方へ」、web 版の「指導のポイント」を読んで、この課で教えるべきポイントを確認してから授業に臨みます。各課は基本的に以下の順番で進めてください。

＊ページ構成の都合上、①〜⑦の順番が異なっている場合もあります。

① **ことば**　　**ひょうげん**　　**なかまのことば**

　イラストとともに言葉の意味を確認します。イラストはカードにしてもいいでしょう（web 版イラスト集をご活用ください）。ここですべて覚える必要はありません。

② **「ストーリーイラスト」と「本文」**

　まずは、ストーリーイラストを指で追って見せながら本文を読み聞かせ、場面と話の流れをおおよそつかみます。ここでは、細部まで理解する必要はありません。

③ **おぼえましょう**

　課のポイントとなる文型で、本文の太字部分を抜粋しました。場面とともに文型の意味と形を導入し（文型導入例は、後述の指導案および、web 版「指導のポイント」参照）、理解を確認してから、リピート練習をして口慣らしをしましょう。

④ **いいましょう**

　イラストを見ながら、文型の□に適切な言葉を代入する練習です。語句の並び替え問題を通して、文の構造や話し言葉では抜けがちな「助詞」にも意識を向けます。

⑤ **はなしましょう**

　学んだ文型を使って自由に話す練習です。 **例** を参考に、子どもとやり取りをたくさんしましょう。

⑥ **よみましょう**

　既習の文型だけで構成された短い文章なので、自力で読むことができます。音読をしたり、Q&A で内容を確認しながら、読むことへの抵抗感をなくしていきましょう。

⑦ ✍ かきましょう

「よみましょう」と一部リンクしており、自分に関することを自分の言葉で書く作文練習です。授業中だけでなく、宿題としてノートに全文書き取りしてもいいでしょう。

6 web版の構成と使い方

本冊目次には、web版「もういっぽ」「○合目のふりかえり」も挿入されています。いずれも、ダウンロードして印刷使用ができますので、以下のように適宜お使いください。

■ もういっぽ

日常生活だけでなく、学校の授業で扱う語彙、表現などをカテゴリーに分けて紹介しています。子どもの年齢、興味、学習進度等に合わせてお使いください。

■ 各合目のふりかえり

2〜5合目の文型、文法の理解を確認する教材です。選択問題と助詞の穴埋め問題です。

■ 各課の指導のポイント

指導のポイントをまとめた指導者用の手引きです。各課を教えるにあたって必要な文法知識や考慮すべきポイント、新しい項目の導入例などを載せています。指導の前に本冊の「先生方へ」とともにご覧ください。

■ イラスト集

フラッシュカードや板書用として拡大するなどしてお使いください。

7 凡例

テキストの漢字使用

・1合目＝漢字使用なし、2合目＝1年生、3・4合目＝1・2年生、5合目＝1〜3年生
・すべてルビ付き
・漢字使用が自然な熟語は例外あり（例　日本ご→日本語）

カタカナの扱い

1〜4合目＝ルビ付き、5合目＝ルビなし

8 「やまのぼり」を使用した指導案例

"テキストを"教えるのではなく、"テキストで"教えてください。テキストを指導の一つのツールとして、個々の子どもに合わせてコースをデザインし（前掲『外国人児童生徒等受入れの手引　改訂版』P.34〜参照）、毎回授業を組み立てます。

ここでは以下に、子どもの発達や生育状況等に応じた2つのタイプ（ゼロスターター、日本生育）の指導案例をご紹介します。

（対象児童：来日間もない小学校中・高学年児童）

学習目標	学習項目
①ものの名称を尋ねることができる。 ②ものを指し示す「これ、それ、あれ」が位置関係も考えながら理解でき、使うことができる。	①これはなんですか？／～です。 ②これ、それ、あれは～です。

時間	活動内容	具体的な学習活動・発話例	◆指導上のポイント　◇教材・教具
5分	ウォーミングアップ	**1. あいさつをする** C：これから日本語の勉強を始めます。 　　お願いします。	◆子どもが言う。
		2. 日付、曜日の確認をする T：今日は何月何日ですか。 　　何曜日ですか。	◆カレンダーを見せながら教師の手本の後に続いて言わせる。慣れてきたら子どもが言う。 ◇カレンダー
5分	前回の復習	**3. 宿題（自己紹介文）の発表をする** **4. テキストの登場人物について確認する** Q（例）：名前は？／何才ですか？／ 　　　　何年生ですか？	◆絵を示しながら、一問一答（Q＆A）で確認する。 ◇テキスト、または本文の絵カード
10分	2合目1課 「ことば」	**5. 新出語彙を導入する** T：これは「信号」です。「信号」。 C：信号（以下、同様にイラストを見ながらリピート）。	◆絵や指導者の動作を見ながら言葉の意味を確認する。 ◇テキスト「ことば」のイラスト、または絵カード
5分	「本文」①	**6. 教師の読み聞かせを聞く（2回）**	◆1ページ目のストーリーイラストを見ながら聞かせる。教師が登場人物や物を指し示しながら行う。
15分	文型 「おぼえましょう」 ![これ それ あれ] これ　それ　あれ	**7. 文型を導入する** 文型①「これは信号です。 　　　　それは旗です。 　　　　あれは歩道橋です。」 文型②「これはなんですか？」 T：これはなんですか？ C：わかりません。 T：これは鉛筆です。 　　（同じ質問）これはなんですか？ C：鉛筆です。 T：そうです。ではこれはなんですか？ C：わかりません。 　　これはなんですか？ T：消しゴムです。 文型③「～語でなんですか？」 　　　（子どもの母語） T：これは、旗です。日本語で旗です。 　　タガログ語で何ですか？	◆絵カードを置いて、視覚的に「こ・そ・あ」の位置関係をつかませながら行う。 ◆「？カード」を持ちながら、文型①の絵カードを指して「これはなんですか」と質問する。 ◇？カード（？と書かれたカード）、文型①の絵カード ◆文型②③ともに、教師が一方的に質問するだけでなく、子どもも質問できる状況をつくる。

		C：タガログ語で flags para sa Tawid です。	
10分	「いいましょう」	**8. 文型定着のための練習をする** 大問1・代入練習（□は□です。） T：これ、うわばき C：これは、うわばきです。 大問2・並び替え練習 T：カードを並べます。文を作ります。 　　（やり方をジェスチャーで示す） しんごう です これ は 、これ は しんごう です	◆「□は□です。」のように、文型を板書しておき、教師が□に入る言葉を提示。子どもは文を言う。 ◆左図のように、カードにして並び替えをしてもよい。高学年は並び替えしたら全文を書きとらせる。 ◇単語ごとのカード
10分	「はなしましょう」	**9. 身近にあるものについて会話をする** Q：それはなんですか？ A：これは筆箱です。 応用練習「**なんですかゲーム**」 中身が見えない袋の中に物を入れて、触って何か当てるゲーム。	◆位置関係を意識させながら行う。 ◆質問者と回答者は交替する。 ◆「それはなんですか」「～です」のやり取りをする。 ◇袋、物
5分	「本文」②	**10. 本文の読み聞かせを聞く** **11. 本文の絵を見ながら教師の質問に答える** Q（例）：これはなんですか？／これは誰ですか？あゆみさんですか？／（5コマ目の絵を指しながら）「危ない！」（サバイバルで学習済）	◇本文の絵カード、またはテキストのストーリーイラスト
10分	「よみましょう」	**12. 字を指で追いながら、読み聞かせを聞く** **13.「よみましょう」を音読する** （一緒に、交互に、一人で） **14.「よみましょう」の内容について、教師の質問に答える** Q（例）：これはなんですか？これは日本語でなんですか？	
15分	「かきましょう」	**15. 文章例を読んで、文章のスタイルを確認する** **16. 絵と穴埋め作文をかく** **17. 全文を書く** **18. あいさつをする** C：これで日本語の勉強を終わります。ありがとうございました。	◆15と16を授業で扱い、17を宿題にしてもよい。

＊授業1回分（2時限分/90分）にまとめましたが、内容的に分量が多いので子どもの様子を考えながら2回に分けてもいいでしょう。例えば、「よみましょう」「かきましょう」は次回にする、など。

＊時間配分も子どもの様子に応じて適宜検討します。

＊絵カードについては、テキストのイラストをweb版アップロード教材にてダウンロードできますので、ご活用ください。

（対象児童：日本生育、日常会話はできるが「いる」と「ある」の使用を混同している了ども）

学習目標	学習項目
「いる」「ある」を正しく使い分けることができる。	「～がいます。」「～があります。」

時間	活動内容	具体的な学習活動（指導上のポイント）
5分	ウォーミングアップ	**1. ストーリーイラストを見て教師の質問に答える** 　**（会話をしながら理解度を確認する）** Ｔ：このイラストには誰がいますか。何がありますか。 Ｃ：あゆみさんがあります。給食袋があります。机もある。（→「ある」「いる」を混同していることが確認できた。）
5分	正しい文型の インプット	**2. イラストの絵を見ながら、教師の正しい文を聞く** 　**（子どもに気付きを促す）** Ｔ：あゆみさんがいます。先生とめいさんがいます。机の下にけいたさんがいます。机があります。ロッカーがあります。ロッカーの上に給食袋があります。 Ｔ：あゆみさんが…います？　あります？ Ｃ：あゆみさんがいます。 Ｔ：机が…？ Ｃ：机があります。
10分	文型の整理 「いいましょう」 「本文」	**3. 代入練習をする** **（絵や文型を図式化して板書する）**⇨ Ｔ：ボールが？ Ｃ：ボールがあります。 Ｔ：校長先生が？ Ｃ：校長先生がいます。 **4. イラストを見ながら、本文の読み聞かせを聞く** **あります**　つくえ、いす、ロッカー、きゅうしょくぶくろ　　**います**　せんせい、あゆみさん、けいたさん ・つくえが あります ・あゆみさんが います。
5分	理解の確認とまとめ	**5. 本文の内容について、教師の質問に答える** Ｔ：給食袋はどこにありますか。 Ｃ：ロッカーの上、あります。 Ｔ：ケイタさんはどこにいますか。 Ｃ：机の下でいます。 Ｔ：「給食袋はロッカーの上にあります。」「ケイタさんは机の下にいます。」言いましょう。 Ｃ：「給食袋はロッカーの上にあります。」「ケイタさんは机の下にいます。」 「いる」「ある」は理解できたようだ。でも、助詞「に」「で」があやふや…。次回はその部分を指導しよう。 →　2合目1課の続きと5課

＊日常会話ができる子どもでも、不自然な日本語を話し、それが定着してしまっていることに気付くことがあるかと思います。そうした子どもには、以上のように必要な課だけ取り出して使用することもできます。

＊1時限分の一部の時間（この指導案では25分間）をこのように文型学習に充てるなど、子どもの学習状況に応じて指導を組み立てるといいでしょう。

メモらん

も く じ

もういっぽ⑦　いろ・かたち・きごう　記号や図形の名前
2合目の　ふりかえり

1
合目

とうこう **1**

おはようございます。

22

とうこう **2**

あぶない！

いい。 ／ だめ。

あさのかい 1

たちましょう。すわりましょう。

はい！／ ぼく・わたし

（わたし・ぼく）は、＿＿＿＿＿＿＿＿＿＿＿＿＿ です。

（なまえ）

みます。かきます。

1 + 8 = 9
7 − 4 = 3
2 × 5 = 10
6 ÷ 3 = 2

みます　かきます

いいます

よみます

ききます

かんがえます

わかります。わかりません。

じゅぎょう ❸

かして。 → どうぞ。 → ありがとう。

これ　それ　あれ　どれ？

ある。ない。

よんでください。
かいてください。

じゅぎょう 7

おなじ。ちがう。

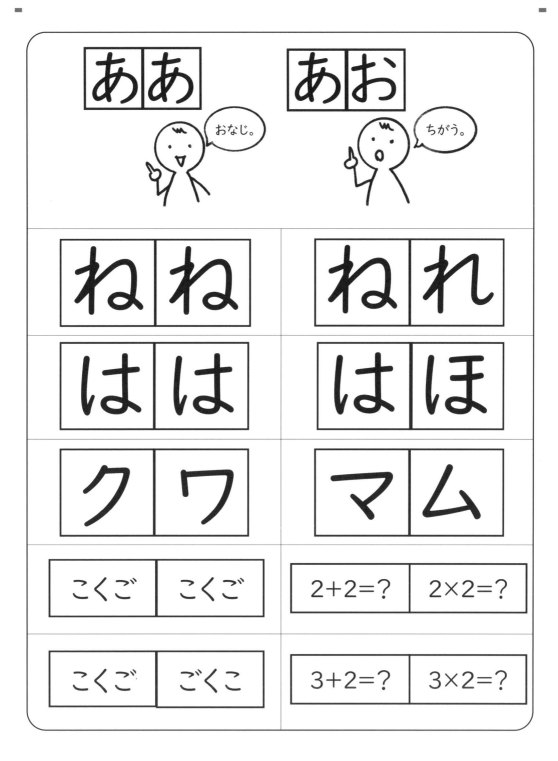

あ　あ　おなじ。	あ　お　ちがう。
ね　ね	ね　れ
は　は	は　ほ
ク　ワ	マ　ム
こくご　こくご	2+2=?　2×2=?
こくご　ごくこ	3+2=?　3×2=?

トイレ、いいですか。
ここ　そこ　あそこ　どこ？

いれて。 → いいよ。

やすみじかん **2**

やだ。やめて。／ ごめんなさい。

じゅぎょう・たいいく ①

できる。できない。

できる。

↑ とびばこ

できない。

←てつぼう

いちりんしゃ→

さかだち →

だいじょうぶ。／ あしが いたい。

おなかが　いたい。　　あたまが　いたい。　　はが　いたい。

＿＿＿＿＿＿＿が　いたい。

きもちが　わるい。

わたしの からだ

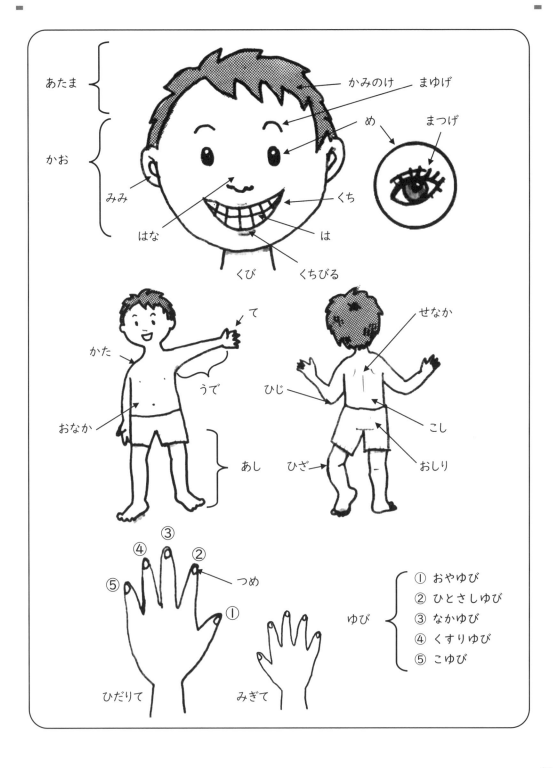

あたま

かお

みみ

あたま — かみのけ　まゆげ

め

まつげ

くち

はな

は

くび　くちびる

かた

て

うで

おなか

あし

せなか

ひじ

こし

おしり

ひざ

③
④　②
⑤　つめ
①

ひだりて　みぎて

ゆび
① おやゆび
② ひとさしゆび
③ なかゆび
④ くすりゆび
⑤ こゆび

いただきます。ごちそうさまでした。／へらして。おかわり。

きゅうしょく 2

すき・きらい。／ おいしい。／ あじ

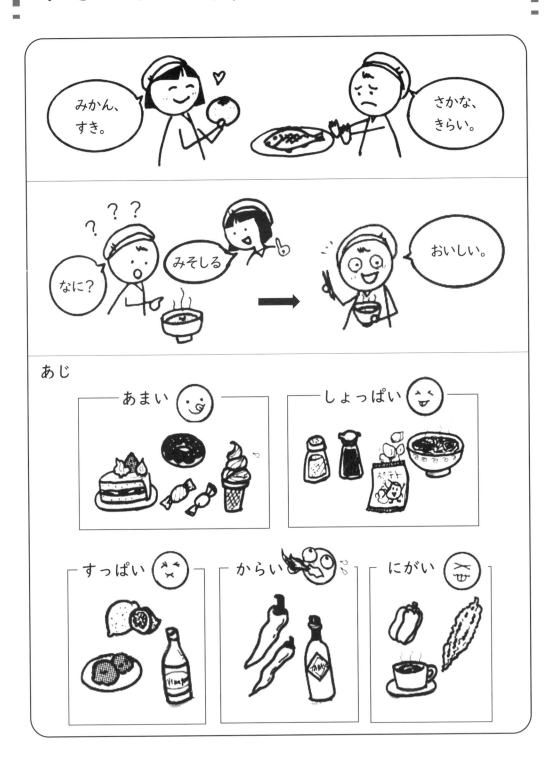

○○くんの？　ちがう。／
だれの？　わたしの。

そうじようぐ

ぞうきん　バケツ　ほうき　ちりとり　ごみばこ　モップ

ごみ

○○くんの？　ちがう。

だれの？　△△さんの。　わたしの。

そうじ 2

こう？ → そう。

かえりのかい
さようなら。バイバイ。

2
合目

「やまのぼり」の　ともだちしょうかい！

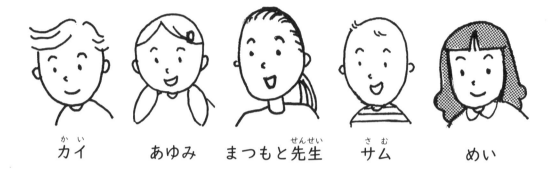

カイ　　あゆみ　　まつもと先生　　サム　　めい

① わたしは、あゆみです。9さいです。4ねんせいです。

　　よろしく　おねがいします。

② わたしは、めいです。10さいです。わたしも　4ねんせいです。

③ ぼくは、カイです。ぼくも　10さいです。4ねんせいです。

④ ぼくは、サムです。ぼくは　9さいです。

　　ぼくも　4ねんせいです。よろしくおねがいします。

じこしょうかい

_____は、_____です。

_____です。_____です。

よろしく　おねがいします。

メモらん

とうこう 〜どうろで〜

これ・それ・あれ／〜は〜です／疑問詞「なん」

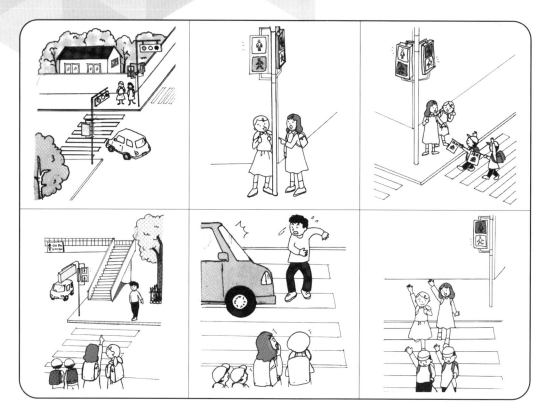

 おぼえましょう

・これは、しんごうです。それは、はたです。

　あれは、ほどうきょうです。

・これ（それ・あれ）は、なんですか。

・日本語で　なんですか。
　に ほん ご

この課のねらい　Can Do

・信号の意味を理解して、安全に登校できる。

・「日本語でなんですか」を使い、日本語での名称を尋ねることができる。

・「これ、それ、あれ」を使って物を指し示し、説明できる。

めいさんと　あゆみさんは、学校へ　いきます。しんごうが　あります。しんごうは、赤です。赤は、「とまります」です。めいさんは、「しんごう」が　わかりません。

日本語で　なんですか。めいさんは、あゆみさんに　ききます。

めい	「あゆみさん。これは、なんですか？」
あゆみ	「これは、しんごうです。」
めい	「それは、なんですか？」
あゆみ	「それは、はたです。」
めい	「あれは、なんですか？」
あゆみ	「あれは、ほどうきょうです。」

しんごうは、赤です。でも　男の人は、わたります。いいですか。

めい・あゆみ	「あぶない！！」
あゆみ	「赤は、とまります。青は、すすみます。あっ、めいさん、青だよ。」
めい・あゆみ	「右を　見ます。左を　見ます。もういちど　右を　見ます。手を　あげて　どうろを　わたります。」

先生方へ

　「危ない」と聞いてその場から逃げられる、自分の身を守るための行動がとれることを目標としています。危険な場面では、まず「あぶない！」と伝えてあげましょう。

しんごう（しんごうき）

赤　青

日本語

はた

ほどうきょう

どうろ

左（ひだり）　右（みぎ）

あぶない

とまります

ききます

すすみます

わたります

わかりません

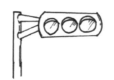

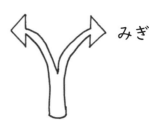

ひだり　みぎ

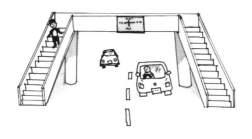

あれ

これ　それ

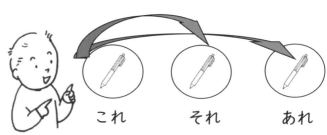

これ　それ　あれ

1 えを みて いいましょう。

1. これ は、うわばき です。

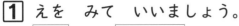

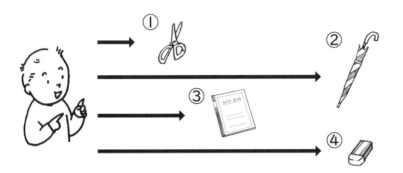

2. A これ は、なんですか。
   B それ は、えんぴつ です。

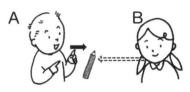

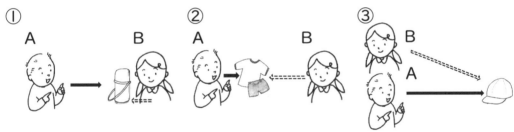

3. これは、なんですか。ばんそうこう です。

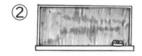

2 ことばを ならべて 正しい 文に しましょう。

1. しんごう / です / これ / は /。

2. は / めいさん / の / あれ / くつ / です /。

3. なんですか / それ / は /。

🗨️ はなしましょう

身近にある物について、位置関係（これ、それ、あれ）を意識しながら会話しましょう。

例　Aさん「これはなんですか。」
　　Bさん「それはくつです。」

📖 よみましょう

これは、なんですか。
それは、かばんです。

あれは、なんですか。
あれは、すいとうです。
えいごで　water bottle です。
にほんごで　すいとうです。

✏️ かきましょう

① れいを見_みながら、書_かきましょう。

> れい）　これは、きものです。
> 日本_{にほん}の　ふくです。
>
> （みんぞくいしょう）

れい） これは、せんべいです。
　　　　日本の　おかしです。

_____は、_____です。

_____の　_____です。

② 上の　文を　ぜんぶ　書きましょう。

② か　あさのかい

〜は〜ですか／〜じゃありません／疑問詞「だれ」

 おぼえましょう

- 「きょうの　とうばんは、だれですか。」
　「カイ_{かい}さんです。」
- 「こうたろうさんは、お休_{やす}みですか。」
　「はい、そうです。かぜです。」
- 「はるかさんも　かぜですか。」
　「いいえ、はるかさんは、かぜじゃ　ありません。」

この課のねらい　Can Do
日付や曜日、号令をかける、出欠の確認など、朝の会の当番（日直）活動ができる。

あさのかいです。とうばんは、あいさつを　します。

先生（せんせい）　「きょうの　とうばんは、だれですか？」

サム（さむ）　「カイ（かい）さんです。」

カイ（かい）　「きょうは、6月12日（がつにち）、金（きん）よう日（び）です。これから　あさ
　　　のかいを　はじめます。立（た）ちましょう。おはようござ
　　　います。」

みんな　「おはようございます。」

先生（せんせい）　「しゅっせきを　とります。しおりさん。」

しおり　「はい、げんきです。」

先生（せんせい）　「ゆうきさん。」

ゆうき　「はい、げんきです。」

カイ（かい）　「こうたろうさんは、お休（やす）みですか？」

先生（せんせい）　「はい、そうです。かぜです。」

カイ（かい）　「はるかさんも　かぜですか？」

先生（せんせい）　「いいえ、はるかさんは、かぜじゃ　ありません。
　　　足（あし）が　いたいです。」

カイ（かい）　「これで　あさのかいを　おわります。」

先生方へ
　クラス活動でよく使う表現を最初に指導し、どんどんクラスの活動に参加できるよう
にしましょう。“一文は短く、やさしい日本語で”がポイントです。

ことば

あさのかい

とうばん（にっちょく）

しゅっせき ⇔ お休み（けっせき）

はじめます ⇔ おわります

かぜ

げんき

ひょうげん

○月○日

○よう日

これから　あさのかいを　はじめます。

立ちましょう。

すわりましょう。

しゅっせきを　とります。

～さんは、お休みです。～さんも、お休みです。

・話すとき　…　～じゃ　ありません。
・書くとき　…　～では　ありません。

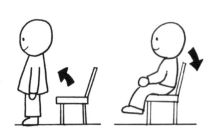

なかまのことば

とき　　　…　きょう　あした　あさって

○よう日　…　日よう日　月よう日　火よう日　水よう日　木よう日
　　　　　　　金よう日　土よう日

○月

１月、２月、３月、４月、５月、６月、７月、８月、９月、10月、
11月、12月

💬 **いいましょう**

1

1. えを　見て　しつもんに　こたえましょう。

① とうばんは、だれですか。
② 天気は、はれですか。
③ けいたさんは、休みですか。
④ さきさんも、休みですか。

5月30日（すいようび）
てんき　…　はれ
とうばん　…　あゆみ
やすみ　…　けいた

2. カレンダーを　見て　しつもんに　こたえましょう。

> れい）　Ａさん「きょうは、火よう日ですか。」
> 　　　　Ｂさん「はい、そうです。/
> 　　　　　　　　いいえ、そうじゃ　ありません。」

① きょうは、月よう日ですか。
② あしたは、水よう日ですか。

2 ことばを　ならべて　正しい　文に　しましょう。

1. きょう / 日よう日 / です / は / か /。

2. はい / です / そう /。

3. 日よう日 / いいえ / ありません / じゃ /。

💬 はなしましょう

・教室にある物、持ち物などで「～は～ですか」のやりとりをしましょう。

・今まで学習した語彙などを覚えているか確認もしてみましょう。

・単調な練習にならないように、ものあてクイズ（袋に物を入れて手探りで何か当てる）、シルエットクイズ（影絵を見せて何か当てる）など変化をもたせる工夫をしましょう。

例　Aさん　「これはえんぴつですか。」

　　Bさん　「はい、そうです。これもえんぴつですか。」

　　Aさん　「いいえ、えんぴつじゃありません。ペンです。」

📖 よみましょう

ぼくの　たんじょう日は、9月30日です。

おとうさんの　たんじょう日は、12月11日です。

おかあさんの　たんじょう日は、4月28日です。

あしたは、いもうとの　たんじょう日です。

 **かきましょう**

① （ わたし ／ ぼく ）の　たんじょう日は、＿＿＿＿＿＿＿＿です。

＿＿＿＿＿＿＿＿＿＿の　たんじょう日は、＿＿＿＿＿＿です。

＿＿＿＿＿＿＿＿＿＿の　たんじょう日は、＿＿＿＿＿＿です。

＿＿＿＿＿＿＿＿＿＿の　たんじょう日は、＿＿＿＿＿＿です。

② 上の　文を　ぜんぶ　書きましょう。

きょうの じゅぎょう

〜から〜まで／時間割、教科の名前

じかんわり		1 じかんめ
1	算数（さんすう）	
2	しんたいそくてい	
3	国語（こくご）	
4	音楽（おんがく）	
5	理科（りか）	

2 じかんめ

3 じかんめ

 おぼえましょう

・1じかん目は、さんすうです。

・2じかん目は、こくごじゃ ありません。しんたいそくていです。

・しんたいそくていは、9じ40ぷんから 10じ25ふんまでです。

・「3じかん目は、なんですか。」

　「こくごです。」

この課のねらい　Can Do
・時刻が言える。
・何時間目に何の授業があるかわかる。

あさのかいです。先生が　はなします。

先生　「1じかん目は、さんすうです。2じかん目は、こくごじゃ
　　　　ありません。しんたいそくていです。9じ40ぷんに
　　　　ほけんしつへ　いきます。」

サム　「先生、3じかん目も　しんたいそくていですか？」

先生　「いいえ、しんたいそくていじゃ　ありません。しんたい
　　　　そくていは、9じ40ぷんから　10じ25ふんまでです。」

カイ　「3じかん目は、なんですか？」

先生　「こくごです。」

先生方へ

　　「時」の理解は、子どもによって個人差が大きいです。時間感覚がまだない子どもに
は、毎日折に触れて日付や時間を聞き、意識付けをするといいでしょう。
＊「web版もういっぽ①」で時計の読み方を学習してから取り組みましょう。

じゅぎょう
じかんわり
〜じかん目^め

4年1組 1学期	じかんわりひょう 時間割表				
	月	火	水	木	金
1					
2					
3					
4					
5					
6					

ほけんしつ

しんたいそくてい

ひょうげん

じこくの　よみかた

3：00　…　さんじ

3：30　…　さんじはん
　　　　（さんじさんじゅっぷん）

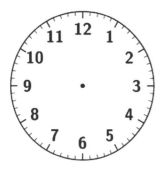

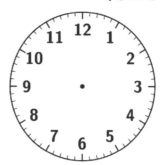

2
合
目

なかまのことば　　きょうかの　名^なまえ

こくご（国語）　さんすう（算数）　りか（理科）　しゃかい（社会）　えいご（英語）

おんがく（音楽）　たいいく（体育）　ずこう（図工）　かていか（家庭科）　しょしゃ（書写）

🗩 いいましょう

1 □□□□　の　中^{なか}の　ことばを　かえて　いいましょう。

1.　れい）　1じかん目^めは、　こくご　です。

① 2じかん目^め　　② 3じかん目^め

③ 4じかん目^め　　④ 5じかん目^め

じかんわり

1	こくご
2	たいいく
3	さんすう
4	おんがく
5	ずこう

2. れい）あさのかい・8：35〜8：50

あさのかい は、 8 じ35ふん から 8 じ50ぷん までです。

① 1 じかん目・8：50〜9：35　② 休みじかん・10：25〜10：50

③ 3 じかん目・10：55〜11：40　④ そうじ・1：25〜1：45

2 ことばを ならべて 正しい 文に しましょう。

1．です / さんすう / 1 じかん目 / は /。

2．ありません / たいいく / じゃ / 3 じかん目 / は /。

3．は / 9 じ40ぷん / から / 2 じかん目 / まで /10じ25ふん / です /。

はなしましょう

時間割表や連絡帳を見ながら、一日の予定について話しましょう。

例　Aさん　「きょうの1じかん目はなんですか。」
　　Bさん　「さんすうです。8 じ50ぷんから9 じ35ふんまでです。」

4年1組 1学期		じかんわりひょう 時間割表			
	月	火	水	木	金
1					
2					
3					
4					
5					
6					

よみましょう

あしたは、5 月23日　月よう日です。

1 じかん目は、こくごです。かん字のテストです。

テストは、9 じから　9 じはんまでです。

 **かきましょう**

① あしたは、＿＿＿＿＿＿＿＿＿＿＿＿＿＿＿＿です。

　１じかん目は、＿＿＿＿＿＿＿＿です。

　２じかん目は、＿＿＿＿＿＿＿＿です。

　休みじかんは、＿＿＿＿＿＿＿から＿＿＿＿＿＿＿までです。

② 上の　文を　ぜんぶ　書きましょう。

$1 + 4 = 5$

$5 - 1 = 4$

$3 + 3 = 6$

$5 + 8 = 12?$

13

おぼえましょう

・3 + 3 = 6です。　いいですか。……　いいです。

・5 + 8 = 12です。　いいですか。……　ちがいます。13です。

・あわせて、5です。　○○ ＋ ○○○ ＝ ○○○○○　$2 + 3 = 5$

・のこりは、4です。⎫　○○○○○ →○⟩ ＝ ○○○○　$5 - 1 = 4$

・ちがいは、4です。⎭　○○○○○

　　　　　　　　　　　○ ちがい …… 4　　$5 - 1 = 4$

１じかん目は、さんすうです。

たしざんと　ひきざんの　べんきょうです。

先生　　「りんごが　１こあります。りんごが　４こあります。

　　　　あわせて　５こです。 これは、たしざんです。

　　　　しきは、１たす４は　５　（１＋４＝５）。

　　　　こたえは、５こです。」

先生　　「りんごが　５こあります。１こ　たべます。

　　　　のこりは、４こです。 これは、ひきざんです。

　　　　しきは、５ひく　１は　４　（５－１＝４）。

　　　　こたえは、４こです。」

あゆみ　「**３＋３＝６です。いいですか？**」

みんな　「**いいです。**」

カイ　　「**５＋８＝12です。いいですか？**」

あゆみ　「**ちがいます。13です。**」

この課のねらい　Can Do

数字や四則計算など、算数用語の読み方がわかり、答えが言えるようになることで算数の授業に参加できる。

先生方へ

「あわせて」「のこりは」「ちがいは」等は、算数独特の表現（学習言語）です。絵を見たり、実物を操作しながら見せるといいでしょう。

＊学年や学習内容に合わせて「web 版もういっぽ②」で助数詞を、「web 版もういっぽ③」で大きな数の読み方を学習しましょう。

しき

こたえ

こたえあわせ

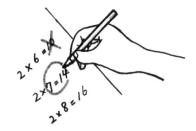

あわせて

のこり

ちがい

すう字	

0	ぜろ / れい
1	いち
2	に
3	さん
4	し / よん
5	ご
6	ろく
7	しち / なな
8	はち
9	きゅう / く
10	じゅう
100	ひゃく
1000	せん
10000	まん / いちまん

たしざん	□＋□＝□	＋	たす
ひきざん	□－□＝□	－	ひく
かけざん	□×□＝□	×	かける
わりざん	□÷□＝□	÷	わる

いいですか。

→　いいです。/ ちがいます。

 **いいましょう**

① 4＋6　　② 7＋8　　③ 10－6　　④ 35－20　　⑤ 17－9

⑥ 9×9　　⑦ 12×3　　⑧ 8÷4　　⑨ 36÷4　　⑩ 10÷4

> ＊子どもの学年や学力に応じて問題
> を選んでください。

はなしましょう

1．あわせて ＿＿＿＿＿ こです。

2．のこりは、＿＿＿＿＿ こです。

3．ちがいは、＿＿＿＿＿ こです。

　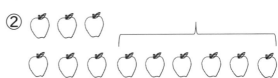

> ＊足し算や引き算の問題を考えて、話してみましょう。
> （例）りんごが3こ、みかんが5こ。あわせて8こです。
> あめが10こあります。4こたべます。のこりは6こです。
> 男子が5人、女子が8人。ちがいは3人です。

①

わたしの　りんごは、3こです。

おねえさんの　りんごは、5こです。

りんごは、ぜんぶで　なんこですか。

ちがいは、なんこですか。

②

わたしの　かぞくです。

おとうさんと　おかあさん、おにいさんと　おとうとと　わたしです。

おとなが　2人と　子どもが　3人です。

あわせて　5人です。

おとうさんは、38さいです。

おかあさんは、36さいです。

ちがいは、なんさいですか。

38さい

36さい

わたし

70

✏️ **かきましょう**

① （ わたし / ぼく ） の　かぞくです。

（ わたし / ぼく ）と＿＿＿＿＿＿＿＿＿と

＿＿＿＿＿＿＿＿＿と＿＿＿＿＿＿＿＿＿です。

おとなが＿＿＿＿人と　子どもが＿＿＿＿人です。

あわせて＿＿＿＿人です。

② （ わたし / ぼく ）の　クラスは、＿＿＿年＿＿＿組です。

先生は、＿＿＿＿＿＿＿先生です。

男子＿＿＿＿人と　女子＿＿＿＿人です。

あわせて＿＿＿＿人です。

③ ①または②の　文を　ぜんぶ　書きましょう。

2合目

5 か　なつ休み

〜は〜でした＜時制＞／疑問詞「いつ」

7月

日	月	火	水	木	金	土
22	23	24	25	26 ♣	27 ♣	28 ☂
29 ♣	30 ♣					

8月

日	月	火	水	木	金	土	
		1 ☼	2 ☼	3 ☼	4 ☼	5 ☼	
6 ☼	7 ♣	8 ♣	9 ☼	10 ☂ カイさんの たんじょう日	11 ☂	12 ♣	
13 ♣	14 ☼	15 ☼	16 ☼	17 ♣	18 ☼	19 ☼	＜ せんしゅう
20 おまつり	21 ☼	22 ☼	23 おととい	24 きのう	25 きょう	26 あした	＜ こんしゅう
27 あさって	28	29	30	31			＜ らいしゅう

👏 おぼえましょう

・きのうは、木よう日でした。
・7月26日は、はれでは　ありませんでした。
・おまつりは、なん月　なん日でしたか。
・カイさんの　たんじょう日は、いつでしたか。

きょうは、8月25日です。2がっきです。きょうは、金よう日です。きのうは、木よう日でした。

　1がっきの　しゅうぎょうしきは、7月26日でした。7月26日は、はれでは　ありませんでした。くもりでした。

　なつ休みは、7月27日から　8月22日まででした。2がっきのしぎょうしきは、8月23日でした。

2合目

しつもん ① きのうは、なんよう日でしたか。
　　　② なつ休みは、何月何日から　何月何日まででしたか。
　　　③ おまつりは、なん月　なん日でしたか。
　　　④ カイさんの　たんじょう日は、いつでしたか。

この課のねらい　Can Do
・カレンダーが読める。
・「昨日」「今日」「明日」の振り返りと見通しが持てる。

先生方へ
　日本語は時制によって、「～です」（現在・未来）と「～でした」（過去）のように、文末表現が変わることを伝えていきましょう。
＊2合目で学んだ日本語を使って、学校生活で必要な言葉を教えることができます。「web版もういっぽ④～⑥」を活用してください。また、「web版もういっぽ⑦」では学習に必要な用語をまとめました。こちらもぜひ活用してください。
＊この課を終えたら、「web版2合目のふりかえり」で理解を確認しましょう。

ことば

2がっき	なつ休み(やす)
しぎょうしき	しゅうぎょうしき
おまつり	いつ

なかまのことば

ちょうき休み(やす)　　なつ休み(やす)　　ふゆ休み(やす)　　はる休み(やす)

がっき　　　　　　　1がっき　　　　2がっき　　　　3がっき

ひにち

1	2	3	4	5	6	7
ついたち	ふつか	みっか	よっか	いつか	むいか	なのか
8	9	10	11	12	13	14
ようか	ここのか	とおか	じゅういちにち			じゅうよっか
15	16	17	18	19	20	21
		じゅうしちにち		じゅうくにち	はつか	
22	23	24	25	26	27	28
		にじゅうよっか			にじゅうしちにち	
29	30	31				
にじゅうくにち						

日(ねん)
おととい
きのう
きょう
あした
あさって
まいにち

週(しゅう)	月(つき)	年(ねん)
せんせんしゅう	せんせんげつ	おととし
せんしゅう	せんげつ	きょねん
こんしゅう	こんげつ	ことし
らいしゅう	らいげつ	らいねん
さらいしゅう	さらいげつ	さらいねん
まいしゅう	まいつき	まいとし

学校の1年

	4月	5月	6月	7月	8月	9月	10月	11月	12月	1月	2月	3月

はる休み　　　　　1がっき　　　　なつ休み　　　　　　2がっき　　　　　ふゆ休み　　　3がっき

学校で　行われる　行事を　表に　書き入れてみましょう。

💬 はなしましょう

　カレンダーを見て、日付や曜日、天気について話しましょう。

　時間割を見て授業について話したり、月間予定表を見て行事について話すこともできます。

　また、「何日でしたか」「何曜日でしたか」「何でしたか」「いつでしたか」といった質問に、それぞれ正しく答えられるように練習しましょう。

例　Aさん　「8月1日は、晴れでした。8月2日は、雨でしたか。」

　　Bさん　「いいえ、雨ではありませんでした。晴れでした。」

　　Aさん　「おまつりは、何月何日でしたか。」

　　Bさん　「8月20日でした。」

　　Aさん　「何曜日でしたか。」

　　Bさん　「日曜日でした。」

　　Aさん　「運動会はいつでしたか。」

　　Bさん　「6月でした。」

　8月20日は、おまつりでした。日よう日でした。わたしは、おかあさんと　おとうさんと　いもうとと　いきました。天気は、あさははれでは　ありませんでした。雨でした。でも、おまつりの　ときははれでした。

た。

つりの　ときは　はれでし

雨でした。でも、おま

はありませんでした。

天気は、あさははれで

いもうと　いきました。

あさんと　おとうさんと

した。わたしは、おか

りでした。日よう日で

8月20日は、おまつ

 **かきましょう**

＿＿＿＿＿月（がつ）＿＿＿＿＿日（にち）は、＿＿＿＿＿＿＿＿＿＿＿＿＿でした。

天気（てんき）は、＿＿＿＿＿＿＿＿＿でした。

＿＿＿＿＿＿＿＿＿＿と＿＿＿＿＿＿＿＿＿＿＿へ　いきました。

上（うえ）の　文（ぶん）を　たて書（が）きで　書（か）きましょう。

メモらん

きゅうしょくの 前(まえ)に

～は～にあります・います／疑問詞「どこ」／位置詞

おぼえましょう

・あゆみさんの　きゅう食(しょく)ぶくろは、ロッカーの　上(うえ)に　あります。

・けいたさんは、つくえの　下(した)に　います。

・となりの　けいたさんが　いません。

・「何(なに)が　ありませんか。」

　「わたしの　きゅう食(しょく)ぶくろが　ありません。」

・「けいたさんは、どこですか（どこに　いますか）。」

　「つくえの　下(した)に　います。」

この課のねらい　Can Do

人がどこにいるか、物がどこにあるか説明できる。また、それを聞いて人や物を探すことができる。

ここは、教室です。これから　きゅう食です。

あゆみ　　「あ、ない。」

めい　　　「あゆみさん、何が　ないの？」

あゆみ　　「わたしの　きゅう食ぶくろが　ないの。」

先生　　　「どうしましたか？」

あゆみ　　「わたしの　きゅう食ぶくろが　ありません。」

カイ　　　「あゆみさんの　きゅう食ぶくろは、あそこに　あるよ。」

あゆみ　　「え、どこ？」

カイ　　　「あゆみさんの　きゅう食ぶくろは、ロッカーの　上に
　　　　　　あるよ。」

あゆみ　　「ありがとう。」

先生　　　「よかったですね。」

３合目

みんなが　すわります。

先生　　　「みんな　いますか？」

サム　　　「先生、となりの　けいたさんが　いません。」

先生　　　「けいたさんは、どこですか？（どこにいますか？）」

めい　　　「あ、けいたさんは、つくえの　下に　いるよ。」

先生　　　「けいたさん、きゅう食ですよ。すわってください。」

みんな　　「いただきます。」

先生方へ

　存在所在を表す動詞「あります」「います」を正しく使い分けられるよう学習します。また、自分の前後左右に誰がいるか、自分の席が前から何番目かなど、自分で表現したり、聞き取れたりできるようになるといいですね。

ことば

きゅう食ぶくろ
ロッカー
黒板

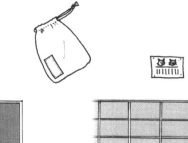

なかまのことば

いちのことば

前　後ろ

左　右

ひだり　みぎ

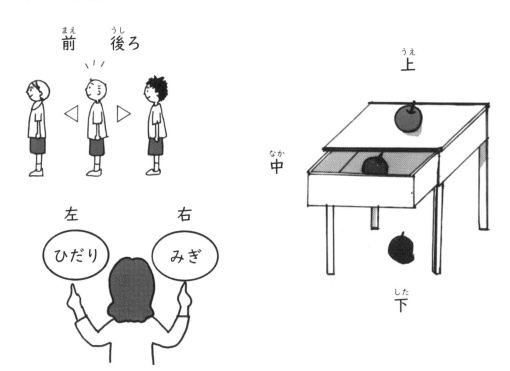

上

中

下

 **いいましょう**

▢ の ことばを かえて 言いましょう。

1. れい） けしゴム が あります・います。
　　　　 ○○さん が あります・います。

① ボール　　② 校長先生　　③ 犬　　④ いす

2. れい） えんぴつ・ふでばこ・中
　　　　 Aさん 「 えんぴつ は、どこに ありますか。」
　　　　 Bさん 「 ふでばこ の 中 に あります。」

① けしゴム・つくえ・上　　② ランドセル・ロッカー・中
③ はるかさん・わたし・右　④ さきさん・わたし・後ろ

3. れい） Aさん 「 ふでばこ の 中 に 何が ありますか。」
　　　　 Bさん 「 えんぴつ が あります。」

① つくえ・上・けしゴム　　② ロッカー・中・ランドセル
③ トイレ・前・しおりさん　④ いす・下・ねこ

はなしましょう

1 **よみましょう** の 絵を見て、Q&A をしましょう。

例　Aさん「本はどこにありますか。」
　　Bさん「（本は）つくえの上にあります。」

2 1. 自分のふでばこやロッカーの中に何があるか、話しましょう。

　 2. 教室に何があるか、誰がいるか、話しましょう。

　 3. 自分の席のまわりに誰がいるか、話しましょう。

📖 **よみましょう**

さきさんの　せきは、どこですか。

前_{まえ}から　4番_{ばんめ}目です。

さきさんの　右_{みぎ}に　ゆうきさんが　います。

しおりさんの　せきは、どこですか。

後_{うし}ろから　2番_{ばんめ}目です。

サ_{さむ}ムさんの　前_{まえ}に　しおりさんが　います。

ロッ_{ろっかあ}カーの　中_{なか}に　ラ_{らんどせる}ンドセルが　あります。

ロッ_{ろっかあ}カーの　上_{うえ}に　本_{ほん}が　あります。

			先生_{せんせい}
サム_{さむ}			ゆうき

✏️ **かきましょう**

① あなたの　せきは、どこですか。せきの　図_ずを　かきましょう。

（　わたし　／　ぼく　）の　せきは、＿＿＿＿＿＿＿＿＿＿です。

（　わたし　／　ぼく　）の　前_{まえ}に＿＿＿＿＿＿＿＿＿が　います。

（　わたし　／　ぼく　）の＿＿＿＿＿に＿＿＿＿＿＿＿＿＿。

ロッカーの^{ろっか あ}＿＿＿＿＿＿に＿＿＿＿＿＿＿が　あります。

② 上_{うえ}の　文_{ぶん}を　ぜんぶ　書_かきましょう。

あゆみさんと カイさん

〜は〜ます・ません／○時に〜ます／助詞「へ」

 おぼえましょう

- 歩きます。
- あゆみさんは、6時に おきます。
- 7時半に 学校へ 行きます。
- あゆみさんと カイさんは、3時半に 家へ 帰ります。
- あゆみさんは、毎日 べんきょうします。
- カイさんは、ぜんぜん べんきょうしません。
- みなさんは、何時に ねますか。

この課のねらい Can Do
・自分や友達のすることについて話すことができる。
・自分の行動を時間の経過を追って話すことができる。

あゆみさんは、6時に　おきます。7時半に　学校へ　行きます。
歩きます。

カイさんは、7時半に　おきます。学校へ　行きます。走ります。

あゆみさんと　カイさんは、3時半に　家へ　帰ります。

あゆみさんは、毎日　べんきょうします。ときどき　しおりさんと
あそびます。

　　「♬　だるまさん　だるまさん、にらめっこしましょ。わらうと
　　　　まけよ。あっぷっぷ　♬」

二人は、わらいます。

カイさんは、ぜんぜん　べんきょうしません。たくさん　あそびます。

おかあさんは、おこります。カイさんは、なきます。

あゆみさんは　9時に　ねます。カイさんは、10時に　ねます。

みなさんは、何時に　ねますか。

先生方へ

　この課では、目的語「～を」を伴わない自動詞を取り上げます。自分や友達のする
行動、動作について「○○は××します。」といった動詞の短文で話せるようになるこ
とが目標です。

　動詞の肯定形「～ます」、否定形「～ません」、疑問形「～ますか」といった形は、
この後に続く動詞の活用の基となります。

毎日 (まいにち)　時々 (ときどき)

歩きます (ある)　走ります (はし)　休みます (やす)

おきます　ねます　べんきょうします　あそびます

わらいます　なきます　おこります

行きます (い)

帰ります (かえ)

ぜんぜん　～ません。　カイさんは、ぜんぜん (かい)　べんきょうしません。

少し (すこ)　⇔　たくさん　あゆみさんは、少し (すこ)　べんきょうします。

めいさんは、たくさん　べんきょうします。

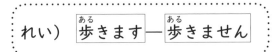

💬 いいましょう

1 ☐ の ことばを かえて 言いましょう。

１. ┄ れい） あゆみさんは、おきます。┄

　　① 歩きます　② 走ります　③ 休みます　④ べんきょうします　⑤ ねます

２. ┄ れい） カイさんは、6時に おきます。┄

　　① 6時半・おきます　② 9時・ねます　③ 6時20分・べんきょうします

３. ┄ れい） わたしは、学校へ 行きます。┄

　　① スーパー　　② 公園　　③ トイレ　　④ 友だちの 家

2 ☐ の ことばを 言いましょう。

┄ れい） 歩きます ― 歩きません ┄

① 走ります ― ☐　　② ☐ ― おきません
③ ねます ― ☐　　④ ☐ ― べんきょうしません

3 ことばを ならべて 正しい 文に しましょう。

１. カイさんは（7時 / おきます / に）。

２. あゆみさんは（5時 / 4時 / から / べんきょうします / まで）。

３. ぜんぜん / カイさん / べんきょうしません / は /。

４. 8時半 / 学校 / に / 行きます / へ / は / わたし /。

何時に起きるか、寝るかなど、一日の日課について話しましょう。

例　Ａさん「Ｂさんは、毎日何時に寝ますか？」

　　Ｂさん「9時に寝ます。」

　　Ａさん「毎日勉強しますか？」

　　Ｂさん「はい、します。5時から6時まで勉強します。」

 よみましょう

わたしは、毎日　6時半に　おきます。

7時半に　学校へ　行きます。

午後3時半に　家へ　帰ります。

午後5時から　6時まで　べんきょうします。

夜の　10時に　ねます。

弟も　6時半に　おきます。

弟は、ぜんぜん　べんきょうしません。

9時に　ねます。時々　10時に　ねます。

① （ わたし / ぼく ） は、毎日＿＿＿＿＿＿＿＿に おきます。

（ わたし / ぼく ） は、＿＿＿＿＿＿＿＿から＿＿＿＿＿＿＿＿

まで＿＿＿＿＿＿＿＿＿＿＿＿＿＿＿＿＿＿＿＿。

＿＿＿＿＿＿＿＿＿に ねます。

② 上の 文を ぜんぶ 書きましょう。

| |
| |
| |
| |
| |

③ か めいさんの 休日（きゅうじつ）

～は～を～ます・ますか／疑問詞「なに」

 おぼえましょう

- めいさんは、顔（かお）を　あらいます。
- おてつだいを　しますか。
- どこへ　行（い）きますか。
- 何（なに）を　しますか。
- だれと　あそびますか。

この課のねらい　Can Do
一日の自分の生活を時系列に沿って説明できる。

今日は、日よう日です。お休みです。めいさんは、朝7時に　おきます。

めいさんは、顔を　あらいます。それから　朝ごはんを　食べます。

はを　みがきます。それから、お母さんの　おてつだいを　します。おさらを　あらいます。

10時です。めいさんは、お母さんと　お父さんと　スーパーへ　行きます。肉と　やさいを　買います。お昼ごはんは、カレーです。

きょうは、めいさんが　カレーを　作ります。

午後は、しゅくだいを　します。それから、友だちと　あそびます。おにごっこをします。絵を　かきます。

夜です。あしたの　じゅんびを　します。

みなさんは、お休みの日　おてつだいを　しますか。

どこへ　行きますか。

何を　しますか。

だれと　あそびますか。

先生方へ

　目的語「〜を」をともなう動詞を学習します。話し言葉では助詞が抜けても意味が伝わりますが、書き言葉では助詞が必要です。特にこの課では、指導者は助詞を省略せずに意識して話してください。また、疑問詞を使った質問をすることで、子どもの思考が広がり、ことばの量が増えていきます。

＊「〜を〜ます」を使って掃除に関する言葉（web版もういっぽ⑧）を確認しましょう。

（〜を）あらいます　　（〜を）食^たべます　　（〜を）みがきます

（〜を）買^かいます　（〜を）作^{つく}ります　　（〜を）かきます　　　（〜を）します

おにごっこを　します
ゲーム^{げ え む}を　します

朝^{あさ}ごはん　　おさら（さら）　　おてつだい（てつだい）　　　それから

ごはんを　食^たべます
それから　テレビ^{て れ び}を
見^みます

しゅくだい　　　おにごっこ　　　絵^え　　　じゅんび　　スーパー^{す う ぱ あ}

なかまのことば　　しつもんの　ことば

何時^{なんじ}に　……　何時^{なんじ}に ねますか。　　→　9時^じに ねます。

どこへ　……　どこ へ 行^いきますか。　→　公園^{こうえん}へ 行きます。

だれと　……　だれ と 行^いきますか。　→　あゆみさん と 行きます。

何^{なに}を　……　何^{なに}を 食^たべますか。　→　りんご を 食^たべます。

 いいましょう

1 ⬜️ の ことばを かえて いいましょう。

1. れい) カレーを 食べます。

① ラーメン　② アイスクリーム　③ おにぎり　④ ハンバーガーと ポテト

2. れい) サッカーを します。

① おにごっこ　　② じゃんけん　　③ しゅくだい

④ なわとび　　　⑤ そうじ

3. れい) わたしは、きょうかしょを 読みます。

① 出します　② ひらきます　③ とじます　④ しまいます

2 ことばを ならべて 正しい 文に しましょう。

1. きゅうしょく / わたし / を / は / 食べます / 。

2. は / ぎゅうにゅう / のみます / わたし / を / 。

3. ぼく / と / サッカー / します / お兄ちゃん / を / は / 。

朝、学校へ行く前、休み時間、下校後、何をするか話しましょう。

例　Aさん「朝、起きます。何をしますか。」

　　Bさん「朝ご飯を食べます。歯を磨きます。トイレへ行きます。ゲームをします。テレビを見ます。」

よみましょう

①

今日は、スキー教室です。

スキーウエアを　きます。スキーの　手ぶくろを　します。

ゴーグルを　つけます。

スキーぼうしを　かぶります。スキーブーツを　はきます。

スキー板と　ストックを　つかいます。

こうたろうさんは、スキーいたと　ストックと　スキーブーツが

ありません。（レンタルします）。

②

今日の　1時間目は、プールです。

プールカードを　出します。水ぎを　きます。

ぼうしを　かぶります。

体そうを　します。シャワーを　あびます。

プールに　入ります。およぎましょう。

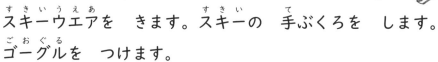

 **かきましょう**

① 下校後、何を しますか。書きましょう。

（ わたし ／ぼく ）は、毎日＿＿＿＿時＿＿＿＿分に 家へ 帰ります。

＿＿＿＿＿＿＿＿＿＿＿を＿＿＿＿＿＿＿＿＿＿＿ます。

それから、＿＿＿＿＿＿＿＿＿＿＿＿を＿＿＿＿＿＿＿＿＿＿＿＿ます。

＿＿＿＿＿＿＿＿＿＿＿＿＿＿＿＿＿＿＿＿＿＿＿＿ます。

３合目

② 上の 文を ぜんぶ 書きましょう。

④ か きのう したこと

〜は〜を〜ました・ませんでした〈時制〉

おぼえましょう

- わたしは、きのう 友だちと おすしを 食べました。
- それから、えいがを 見ました。
- 夜、カレーを 作りました。
- わたしは、しゅくだいを しませんでした。
- みなさんは、何を しましたか。

この課のねらい Can Do
休みの日、誰と何をしたか、自分のしたことが言える。日記が書ける。

きのうは、日曜日でした。

　まつもと先生は、友だちと　おすしを　食べました。それから、
えいがを　見ました。夜、カレーを　作りました。
　カイさんは、テレビを　見ました。そして、ゲームを　しました。
　めいさんも、カレーを　作りました。めいさんは、一人で　作りま
した。
　あゆみさんは、かぞくと　どうぶつえんへ　行きました。夜、いえ
へ　帰りました。しゅくだいを　しませんでした。でも、朝、しゅく
だいを　しました。

　みなさんは、何を　しましたか。

ことば

おすし 　カレー

テレビ 　ゲーム 　えいが

ひょうげん

一人で

なかまのことば

りょうりの 名前

ピザ 　ラーメン 　牛どん

サンドイッチ 　からあげ 　そば

ハンバーガー 　ハンバーグ

あそび

なわとび 　ドッジボール 　けん玉

こま 　トランプ 　おにごっこ 　かくれんぼ

1

1. ことばの 形を かえて 言いましょう。

> れい） 食べ ます → 食べ ました
> 　　　 食べ ません → 食べ ませんでした

① 見ます　② のみます　③ 読みます　④ 聞きます　⑤ 行きます
⑥ 作ります　⑦ 歌います　⑧ あそびます　⑨ かります　⑩ します

2. 絵を 見て 言いましょう。

れい） さきさん　　きのう		さきさんは、きのうノートを 買いました。
① ゆうきさん　　おととい		
② はるかさん　　（先週の）日曜日		
③ カイさん　　きのう		
④ わたし　　きのうの 夜		

2 ことばを ならべて 正しい（ただ）文（ぶん）に しましょう。

1. なわとび / と / を / わたし / は / 友（とも）だち / しました /。

2. からあげ / 食（た）べました / を / きのう / 夜（よる） / の / ぼく / は /。

3. か / きのう / の / を / 夜（よる） 何（なに） / 食（た）べました /。

4. 日曜日（にちようび） / を / しました / か / 何（なに） /。

5. おととい / しませんでした / を / しゅくだい / ぼく / は /。

はなしましょう

休み時間や週末に何をしたか、お互いに話しましょう。

例　Aさん「日曜日、何をしましたか。」

　　Bさん「映画を見ました。Aさんは何をしましたか。」

　　Aさん「公園へ行きました。」

　　Bさん「それから？」

　　Aさん「それから、お昼を食べました。」

よみましょう

わたしは、日曜日（にちようび）、かぞくと 松本（まつもと）じょうへ 行（い）きました。

おしろの しゃしんを とりました。

それから、おべんとうを食（た）べました。

ジュース（じゅうす）を のみました。

松本（まつもと）じょうの にわを 歩（ある）きました。

おほりに 白鳥（はくちょう）が いました。

102

 **かきましょう**

お休みの日に、何を　しましたか。書きましょう。

```
いつ
```
> きのう・おととい・きのうの夜・けさ
> 先週の土曜日・春休み・夏休み・冬休み
> クリスマス・先月・きょ年　など

```
どこ
```
> 公園・スーパー・海・山・レストラン・
> 図書かん・ショッピングモール・
> 水ぞくかん・どうぶつ園・ゆう園地　など

いつ　　　　　　どこ

（　わたし　/　ぼく　）　は、＿＿＿＿＿＿、＿＿＿＿＿＿＿＿＿へ

行きました。

＿＿＿＿＿＿＿＿＿＿＿＿を＿＿＿＿＿＿＿＿＿＿＿＿＿＿＿＿。

それから、＿＿＿＿＿＿＿＿＿＿＿＿＿＿＿＿＿＿＿＿＿＿。

＿＿＿＿＿＿＿＿＿＿＿＿＿＿＿＿＿＿＿＿＿＿＿＿＿＿＿。

5か いどう教室

場所を表す助詞「で」

 おぼえましょう

・あゆみさんは、音楽室で 歌を 歌います。

・「どこで 花の かんさつを しますか。」
　「中にわで 花の かんさつを します。」

この課のねらい　Can Do

・どこへ 行くのか、そこで 何を するのか助詞の使い分けを理解する。
　「～する」などの行動の文が言える。

・授業によって教室が変わることを理解し、指示に従って行動できる。

日本の　小学生は、いろいろな　べんきょうを　します。国語、算数、理科、社会、図工、体育、音楽などです。

先生　「今日の１時間目は、音楽です。

音楽室へ　行きます。**音楽室で、歌を　歌います。**

３、４時間目は、理科です。花の　かんさつを　します。

今日は　理科室へ　行きません。」

サム　「じゃあ、どこで　花の　かんさつを　しますか?」

先生　「**中**にわで、花の　かんさつを　します。

もちものは、えんぴつと　プリントと　たんけんバッグ

です。」

先生方へ

　学校の教室名を学習しながら、どこへ行き、そこで何をするのか関連付けて語彙を増やしていきましょう。

＊この課を終えたら「web版３合目のふりかえり①」で理解を確認しましょう。

おんがくしつ
音楽室

うた
歌

うた
歌います

なか
中にわ

ぷりんと
プリント

ばっぐ
たんけんバッグ

かんさつを　します

なかまのことば　　がっこう
学校の　いろいろな　ば
場しょの　なまえ
名前

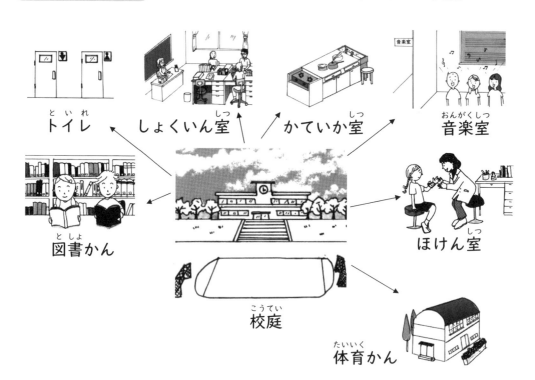

と　い　れ
トイレ

しょくいん室しっ

かていか室しっ

おんがくしつ
音楽室

としょ
図書かん

ほけん室しっ

こうてい
校庭

たいいく
体育かん

106

🗨 いいましょう

1

1. 絵を 見て 言いましょう。

れい)

> どこですか。　れい) 音楽室(おんがくしつ) です。

①

②

③

④

⑤

⑥

⑦

2. 右(みぎ)の □ から えらびましょう。

> れい) 音楽室(おんがくしつ)で 歌(うた)を 歌(うた)います。

① こうていで_____。

② ほけん室(しつ)で_____。

③ 図書(としょ)かんで_____。

④ 音楽室(おんがくしつ)で_____。

⑤ かていか室(しつ)で_____。

りょうりを 作(つく)ります
歌(うた)を 歌(うた)います
なわとびを します
リコーダーを ふきます
本(ほん)を かります
ねつを はかります

2 ことばを　ならべて　正しい　文に　しましょう。

1. で / 音楽室 / 歌 / 歌います / を / 。

2. を / 読みます / で / 図書かん / 本 / 。

3. なわとび / を / どこ / しますか / で / 。

💬 はなしましょう

家の周りにどんな場所があるか、そこで何をするかなどを話しましょう。

※家の周りの場所の例：スーパー、コンビニ、公園、本屋、パン屋、銀行

例　Aさん「Bさんの家の周りに何がありますか。」

　　Bさん「郵便局があります。」

　　Aさん「そこで何をしますか。」

　　Bさん「切手を買います。それから、手紙を出します。」

📖 よみましょう

　わたしは、先週の　日曜日、家ぞくと　公園へ　行きました。公園で、おにごっこを　しました。それから、スーパーへ　行きました。スーパーで　買いものを　しました。お肉や　魚、やさいを　買いました。

 **かきましょう**

① 作文メモを つかって 文を 書きましょう。

≪作文メモ≫

いつ？（日にち）	どこで？（ばしょ）	何を？（しましたか）。

（ わたし ／ ぼく ）は、＿＿＿＿＿＿、＿＿＿＿＿＿＿＿へ

行きました。

＿＿＿＿＿＿＿＿で＿＿＿＿＿＿＿を＿＿＿＿＿＿＿＿。

② 上の 文を ぜんぶ 書きましょう。

6 _か 工作を しましょう

道具を表す助詞「で」

おぼえましょう

・めいさんは、紙の　おさらで　しゃしんかざりを　作ります。

・わたしは、はさみで　紙ざらの　まん中を　切ります。

・ぼくは、のりで　しゃしんを　はります。

・わたしは、色えんぴつで　色を　ぬります。

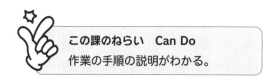

この課のねらい　Can Do
作業の手順の説明がわかる。

めいさんは、紙の おさらで しゃしんかざりを 作ります。

[用意するもの]
紙ざら（紙の おさら）２まい、はさみ、色えんぴつ、のり、しゃしん

[作り方]

① はさみで 紙ざらの まん中を 切ります。

② もう１まいの 紙ざらの まん中に のりで しゃしんを はり
　 ます。

③ ２まいの 紙ざらを 合わせます。

④ 紙ざらに 色えんぴつで 色を ぬります。

　 できあがり！

あなたは、何で しゃしんかざりを 作りますか。

先生方へ

　　低学年なら図工、高学年から中学生なら委員会活動や理科の実験の手順などを、「（道
具）で（物）を〜ます」という文型を意識して提示しましょう。作業ができたという
実感が持てれば自信につながります。

しゃしん

しゃしんかざり

<ruby>紙<rt>かみ</rt></ruby>

<ruby>色<rt>いろ</rt></ruby>えんぴつ

<ruby>まん中<rt>なか</rt></ruby>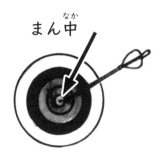

<ruby>切<rt>き</rt></ruby>ります

はります

<ruby>合<rt>あ</rt></ruby>わせます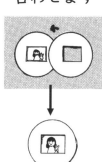

ぬります

 **いいましょう**

1 ☐ の 中の ことばを かえて 言いましょう。

れい） おはし で ごはん を 食べます。

① はさみ・紙・切ります　　② 色えんぴつ・絵・かきます
③ シャベル・あな・ほります　④ タオル・あせ・ふきます

2

1. 名まえは なんですか。言いましょう。

① 　② 　③ 　④ 　⑤ 　⑥

2. 1.から ものの 名まえを えらんで 言いましょう。

① ☐ で 長さを はかります。

② ☐ で 角度を はかります。

③ ☐ で 重さを はかります。

④ ☐ で 円を かきます。

⑤ ☐ で 気温を はかります。

⑥ ☐ で ことばの いみを しらべます。

> ＊学用品の名前と使い方、「長
> さ」「重さ」といった学習用
> 語を確認しましょう。

3 ことばを ならべて 正しい 文に しましょう。

1. で / おはし / 食べます / うどん / を /。

2. を / たいおんけい / はかります / ねつ / で /。

3. 切ります / で / を / のこぎり / 木 /。

4. 目玉やき / フライパン / で / を / 作ります /。

💬 はなしましょう

図工や家庭科で作業していることがあれば、それについて話してみましょう。また、お家のお手伝いについて話してみてもいいでしょう。

例　Aさん「何で言葉の意味を調べますか。」

　　Bさん「辞書で調べます。」

　　Cさん「スマホで調べます。」

　　Dさん「パソコンで調べます。」

📖 よみましょう

ポテトサラダを　作ります。

① やさいを　あらいます。

② ピーラーで　じゃがいもの　かわを

　　むきます。

③ ほうちょうで　やさいを　切ります。

④ なべで　じゃがいもを　ゆでます。

⑤ フォークで　じゃがいもを　つぶします。

⑥ スプーンで　やさいと　マヨネーズを　まぜます。

　　できあがり！

**かきましょう**

だいどころに　何_{なに}が　ありますか。それで　何_{なに}を　しますか。

で	を	。

7か しゅうがくりょこう

手段を表す助詞「で」

 おぼえましょう

・めいさんは、スカイツリーへ　バスで　行きます。

・「何で　上りますか。」
　「エレベーターで　上ります。」

 この課のねらい　Can Do
・高学年の代表的な学校行事がわかる。
・目的地までの交通手段が言えるようになる。

しゅうがくりょこうは、6年生の　行事です。東京へ　行きます。国会ぎじどうや　スカイツリーなどへ　行きます。

サム　「先生、東京へ　電車で　行きますか？」
先生　「いいえ、バスで　行きます。」
めい　「スカイツリーに　上りますか？」
先生　「はい、上りますよ。」
めい　「何で　上りますか？　歩いて　上りますか？」
先生　「エレベーターで　上ります。350メートルの
　　　　てんぼうデッキまで　上ります。」
カイ　「こわいなあ。だいじょうぶかなあ。」

　みんなは　国会ぎじどうの　前に　います。これから、スカイツリーへ　バスで　行きます。

先生　「バスが　来ますよ。みんな、ならびます。」
カイ　「あっ、バスが　来た。」
先生　「バスが　来ましたね。みなさん　のりましょう。」

3合目

先生方へ

　この課では、交通手段を表す助詞「で」を学びます。バスなどの交通手段を利用して出かける学校行事について、話せるようになります。また、この機会に学校行事について話したり、子どもがどうやって日本に来たのか話題にしましょう（手段を問う時の「何で」は、理由を尋ねる「なんで」と混乱しやすいので、このテキストでは「なにで」に統一します）。

＊助詞「で」の機能に着目して、係や委員会の仕事（web版もういっぽ⑨）の内容を
　確認しましょう。

ことば

修学旅行（しゅうがくりょこう） … 小学（しょうがく）6年生（ねんせい）と　中学（ちゅうがく）3年生（ねんせい）が　行（い）きます。

国会（こっかい）ぎじどう

スカイツリー

てんぼうデッキ（でっき）

上（のぼ）ります　　のります（のりましょう）　来（き）ます（来（き）ました、来（き）た）　　ならびます

なかまのことば

のりもの

バス（ばす）　　電車（でんしゃ）　　ひこうき　　船（ふね）　　車（くるま）

ひょうげん

こわいなあ

だいじょうぶかなあ

歩（ある）いて（←歩（ある）きます）

1　□の　中の　ことばを　かえて　言いましょう。

1.　れい）　Ａさん　「何で　行きますか。」
　　　　　　Ｂさん　「バスで　行きます。」

①車　　②タクシー　　③ひこうき　　④電車　　⑤歩いて

2.　れい）　東京、バス　→　東京へ　バスで　行きます。

①病院、バス　　②大阪、電車　　③北海道、ひこうき
④駅、タクシー　　⑤公園、歩いて

2　ことばを　ならべて　正しい　文に　しましょう。

1.　サムさん / か / 行きます / は / 何 / へ / えき / で / 。
2.　行きます / どうぶつ園 / 電車 / で / へ / は / れいさん / 。
3.　山 / のぼります / に / 歩いて / は / カイさん / 。
4.　ひこうき / 行きます / は / で / ぼく / へ / 北海道 / 。

💬 はなしましょう

休みの日に子どもがどこへ何で行ったのか、聞いてみましょう。

例 Aさん「Bさんは日曜日、どこへ行きましたか。」
　　Bさん「公園へ行きました。」
　　Aさん「何で公園へ行きましたか。」
　　Bさん「自転車で行きました。」

📖 よみましょう

わたしは、夏休みに　ベトナムへ　行きます。
電車と　ひこうきで　行きます。
まず、空港まで　電車で　行きます。空港から　ベトナムまで、
ひこうきで　行きます。午前7時の　ひこうきで　行きます。
楽しみです。

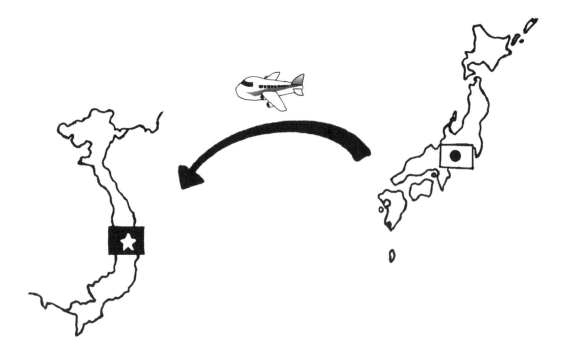

 **かきましょう**

① 学校の　行事で　どこへ　行きましたか。何で　行きましたか。
何を　しましたか。書きましょう。

（　わたし　/　ぼく　）は、＿＿＿＿＿＿＿、＿＿＿＿＿＿＿＿へ

行きました。

＿＿＿＿＿＿＿＿＿＿＿＿＿で　行きました。

＿＿＿＿＿＿＿＿＿＿＿＿＿＿＿＿＿＿＿＿＿＿＿＿＿。

＿＿＿＿＿＿＿＿＿＿＿＿＿＿＿＿＿＿＿＿＿＿＿＿＿。

② 上の　文を　ぜんぶ　書きましょう。

8 か ももたろう

授受構文

むかしの お話です。村に 男の子が いました。名前は、「ももたろう」です。ももたろうは、元気な 男の子でした。

そのころ、おにがしまに おにが いました。おには、村の 人の お金や たからものを とりました。村の 人は、とても こまりました。

ももたろうは、おにがしまへ 一人で 行きます。大人は、だれも 行きません。

ももたろうの おばあさんは、きびだんごを 作りました。

おばあさんは、ももたろうに きびだんごを あげました。

ももたろうは、おばあさんに きびだんごを もらいました。

ももたろうは、とちゅうで 犬に 会いました。犬は、ももたろうに 言いました。

「ももたろうさん、きびだんごを 一つ ください。」

ももたろうは、言いました。

「いいですよ。いっしょに おにがしまへ 行きましょう。」

ももたろうは、犬に きびだんごを 一つ あげました。

犬は、ももたろうに きびだんごを 一つ もらいました。

それから　さると　きじに　会いました。ももたろうは、さると
きじに　きびだんごを　一つずつ　あげました。

　さると　きじは、ももたろうに
きびだんごを　一つずつ　もらいました。

　ももたろうと　犬と　さると　きじは、
みんなで　おにがしまへ　行きました。

　おにがしまで　おにを　たおしました。
　ももたろうと　犬と　さると　きじは、
元気に　村へ　帰りました。

 おぼえましょう

・おばあさんは、ももたろうに　きびだんごを　あげました。

・ももたろうは、おばあさんに　きびだんごを　もらいました。

・ももたろうは、さると　きじに　きびだんごを　一つずつ　あげま
　した。

・さると　きじは、ももたろうに　きびだんごを　一つずつ　もらい
　ました。

この課のねらい　Can Do
・授受表現を理解し、誰に何
　をあげるか、誰に何をもら
　うかわかる。
・日本の有名な昔話を知る。

 先生方へ
　日本の多くの子どもたちが知って
いる「桃太郎」を読みながら、授受
表現を学びます。絵本など見ながら
進めるのもいいでしょう。何かをも
らったりあげたりした経験があれば、
話してもらいましょう。

むかし

お話 　　　　村

ももたろう 　　おにがしま 　　おに

きびだんご 　　とちゅう

犬 　　さる 　　きじ

とります
（とりました） 　　こまります
（こまりました）

会います
（会いました） 　　たおします
（たおしました）

あげます（あげました）　もらいます（もらいました）

 いいましょう

1 ⬜⬜⬜ の 中の ことばを かえて 言いましょう。

1. れい）　カイさんは、めいさんに　プレゼントを　あげます。

① 花

② あめ

③ みかん

2. れい）　めいさんは、カイさんに　プレゼントを　もらいます。

① 花

② あめ

③ みかん

2 絵を　見て　言いましょう。

れい）　セイさんは、妹に　ティッシュを　あげます。
　　　　妹は、セイさんに　ティッシュを　もらいます。

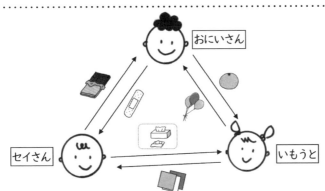

チョコレート

ばんそうこう

みかん

ふうせん

ティッシュ

おりがみ

桃太郎のお話について話しましょう。

例　Aさん「桃太郎はさるに何をあげましたか。」

　　Bさん「きびだんごをあげました。」

　　Aさん「きじは誰にきびだんごをもらいましたか。」

　　Bさん「桃太郎にもらいました。」

お兄_{にい}さんの　あめは、8つ_{やっ}です。

セイ_{せい}さんの　あめは、5つ_{いつ}です。

妹_{いもうと}の　あめは、3つ_{みっ}です。

セイ_{せい}さんは、お兄_{にい}さんに　あめを　2つ_{ふた}　もらいました。

セイ_{せい}さんは、妹_{いもうと}に　あめを　1つ_{ひと}　あげました。

お兄_{にい}さんの　あめは、いくつですか。

セイ_{せい}さんの　あめは、いくつですか。

妹_{いもうと}の　あめは、いくつですか。

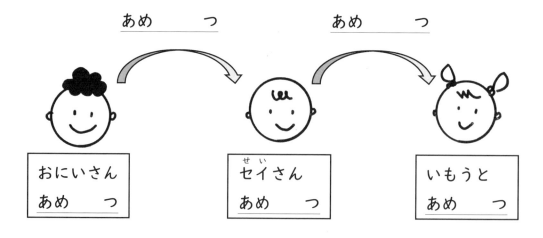

 **かきましょう**

① 作文メモを つかって 文を 書きましょう。

≪作文メモ≫

いつ	どこで	だれに	何を	あげました／もらいました

（ わたし / ぼく ）は、＿＿＿＿＿＿＿＿＿＿（いつ）、＿＿＿＿＿＿＿＿＿＿（どこ）、

＿＿＿＿＿＿＿＿＿＿（だれ）に＿＿＿＿＿＿＿＿＿＿を あげました。

（ わたし / ぼく ）は、＿＿＿＿＿＿＿＿＿＿（いつ）、＿＿＿＿＿＿＿＿＿＿（どこ）、

＿＿＿＿＿＿＿＿＿＿（だれ）に＿＿＿＿＿＿＿＿＿＿を もらいました。

② 上の 文を ぜんぶ 書きましょう。

何を したい? 何が ほしい?

~は○○[名詞]がほしいです／~は~が[動詞]たいです

おぼえましょう

・ぼくは、たくさん お金が ほしいです。

・わたしは、しょうぼうしに なりたくないです。

・みんなは、しょうらい 何を したいですか。

・わたしは、小さい子の おせわを したいです。

　だから、ほいくしに なりたいです。

この課のねらい　Can Do

・自分のしたいことや将来
　の夢が言える。

・相手の希望や意見に耳を
　傾けることができる。

先生方へ

「将来の夢」といっても、保護者の職
業以外の仕事を知る機会がなければ夢は
描けません。世の中にはどんな仕事があ
るのか、ぜひ話題にしてください。

＊この課を終えたら「web版3合目のふ
りかえり②」で理解を確認しましょう。

しょくぎょうに　ついて　べん強します。しょくぎょうとは、しごとの　ことです。いろいろな　しょくぎょうが　あります。

先生　「わたしの　しょくぎょうは、学校の先生です。
　　　学校の先生は、子どもたちに　べん強を　教えます。
　　　ほかにも　いろいろな　しょくぎょうが　あります。
　　　たとえば、何が　ありますか?」

サム　「おいしゃさんです。」

カイ　「けいさつかんです。」

あゆみ　「わたしの　お父さんは、しょうぼうしです。」

はるか　「わたしの　お母さんは、会社いんです。
　　　会社の名前は、めとばフーズです。」

ゆうき　「ぼくの　家は、のうかです。家族みんなで
　　　りんごを　作ります。」

先生　「いろいろな　しょくぎょうが　ありますね。
　　　みんなは、しょうらい　何を　したいですか?」

はるか　「わたしは、小さい子の　おせわを　したいです。
　　　だから、ほいくしに　なりたいです。」

あゆみ　「わたしは、しょうぼうしに　なりたくないです。
　　　わたしは、パティシエに　なりたいです。」

カイ　「ぼくは、たくさん　お金が　ほしいです。
　　　だから、社長に　なりたいです。」

ゆうき　「ぼくは、りんごを　たくさん　作りたいです。」

サム　「ぼくは、まだ　分かりません。でも、しょうらい
　　　外国へ　行きたいです。」

みなさんは、しょうらい　何を　したいですか。

しょくぎょう　　きかい　　パソコン

のうか　　しょうらい　　おせわ　　社長（しゃちょう）

外国（がいこく）　教（おし）えます

ひょうげん

～を　～たいです　⇔　～たくないです

～に　なりたいです　⇔　なりたくないです

～が　ほしいです　⇔　ほしくないです

なかまのことば　　しょくぎょうの名前（なまえ）

いしゃ　かんごし　かいごし　ほいくし　きょうし（学校（がっこう）の先生（せんせい））

けいさつかん　びようし　しょうぼうし　コック（こっく）（りょうり人（にん））　パン屋（ぱんや）さん

サッカーせん手（さっかあせんしゅ）　パイロット（ぱいろっと）　うんてんしゅ　　通（つう）やく

💬 **いいましょう**

1 ⬜⬜⬜ の ことばを かえて 言いましょう。

1. れい) わたし / ぼくは、ドッジボールを したいです。 / したくないです。

① サッカー ② 買い物 ③ スキー ④ お楽しみ会

2. れい) ケーキを食べます。 → わたしは、ケーキを 食べたいです。

① ゲームを します。 ② ジュースを のみます。 ③ 本を 読みます。

3. れい) 車で 行きます。 → 車で 行きたいです。

① ひこうきに のります。 ② おすしを 作ります。
③ 公園へ 行きます。 ④ プールで およぎます。

4. れい) わたし / ぼくは、けいさつかん に なりたいです。

① サッカーせん手 ② きょうし ③ パン屋さん ④ お金もち

5. れい) わたし / ぼくは、じてんしゃ が ほしいです。/
ほしくないです。

① おもちゃ ② ゲーム ③ お金 ④ スマホ （けいたいでんわ）
⑤ 時計 ⑥ ピアノ ⑦ 友だち

2 ことばを ならべて 正しい 文に しましょう。

1. わたしは（と / あそびたい / 友だち / です）。
2. を / わたし / したくない / です / は / ドッジボール /。
3. サッカーボール / は / です / ほしい / が / ぼく /。
4. なりたくない / としょいいん / ぼく / に / です / は /。

お休みの日にしたいことを話してみましょう。

例 　Aさん「夏休み、どこへ行きたいですか。」

　　Bさん「海へ行きたいです。」

　　Aさん「海で何をしたいですか。」

　　Bさん「たくさんおよぎたいです。」

　　Aさん「誕生日に何がほしいですか。」

　　Bさん「ゲームがほしいです。」

　　Aさん「将来の夢は何ですか。」

　　Bさん「医者になりたいです。」

📖 **よみましょう**

①

　７月７日は、七夕です。「たんざく」という紙に　ねがいごとを
書きます。そして、「ささ」という木の　えだに　かざります。

| いしゃに　なりたいです。 |

| まん画家に　なりたいです。 |

など、
しょうらいの　ゆめを　書きます。

| じてんしゃが　ほしいです。 |

| 友だちが　ほしいです。 |

など、今、
ほしいものを　書きます。

| サッカーチームに　入りたいです。 |

など、
今、やりたいことを　書きます。

あなたの　ねがいごとを　書きましょう。

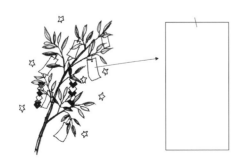

②

　　わたしの　お父さんは、会社員です。会社の　名前は、めとば
フーズです。友だちの　はるかさんの　お母さんも　めとばフーズの
社員です。わたしの　お父さんは、工場で　コンビニの　おべんとう
を　作ります。はるかさんの　お母さんは、じむ室で　パソコンの
しごとを　します。
　　お父さんの　会社の　おべんとうは、長野県の　お米や　野菜を
たくさん　使います。お父さんの　会社の　おべんとうを　食べた
いです。

✏️ **かきましょう**

あなたは、しょうらい　何を　したいですか。何に　なりたいですか。

れい）　わたしは、小さい子の　おせわを　したいです。だから、
　　　　ほいくしに　なりたいです。小さい子と　あそびたいです。

メモらん

わたしの もちもの

様子を表す形容詞／疑問詞「どう」

 おぼえましょう

・今日(きょう)は、あついです。

・「あゆみさんのランドセル(らんどせる)は、どうですか。」
　「わたしのランドセル(らんどせる)は、おもくないです。」

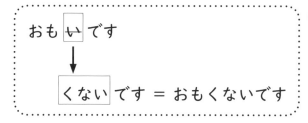

おも い です
↓
くない です ＝ おもくないです

 この課のねらい　Can Do
・自分や友だちの持ち物について説明できる。
・季節や気候など自然について話ができる。

めいさんとあゆみさんは、まい日 いっしょに 学校へ行きます。
今日の気おんは、30℃です。**今日は、あついです。**

　　めい　　「おはよう。」

　　あゆみ　「おはよう。今日は、あついね。」

　　めい　　「そうだね。あついね。それに、ランドセルがおもい。
　　　　　　この中に、教科書がたくさんあるよ。**あゆみさんのは、**

　　　　　　どう？」

　　あゆみ　「**わたしのランドセルは、おもくないよ。**かるいよ。
　　　　　　教科書は、学校にあるよ。」

　　めい　　「そうなんだ。あっ！あゆみさんのくつ、かわいいね。」

　　あゆみ　「ありがとう。」

　あゆみさんは、きのう ショッピングモールへ 行きました。そこで、
くつを買いました。あゆみさんのくつは、新しいです。

先生方へ

　　四季のない国から来た子どもたちに日本の四季を教えましょう。出身国の季節や気候
について話題にするのもいいでしょう。形容詞が使えると、会話の幅が広がります。

ことば

気おん

あつい ⇔ さむい

おもい ⇔ かるい

かわいい

新しい

ひょうげん

あついね

かるいよ

そうなんだ

あっ！

 **いいましょう**

1

1. ［　　　］の中の<ruby>なか<rt></rt></ruby>ことばをかえて 言<ruby><rt>い</rt></ruby>いましょう。

> れい）ここは、［あつい］です。

① さむい 　　② あたたかい 　　③ すずしい

2. ［　　　］のことばを 言<ruby><rt>い</rt></ruby>いましょう。

> れい）［おもい］ ― ［おもくない］

① ［かるい］ ― ［　　　　］　　② ［　　　　］ ― ［すずしくない］
③ ［あつい］ ― ［　　　　］　　④ ［　　　　］ ― ［さむくない］
⑤ ［あたたかい］ ― ［　　　　］　　⑥ ［　　　　］ ― ［新<ruby>あたら<rt></rt></ruby>しくない］

2 ことばをならべて 正<ruby><rt>ただ</rt></ruby>しい文<ruby><rt>ぶん</rt></ruby>にしましょう。

1. あつい / 今日<ruby><rt>きょう</rt></ruby> / です / は /。

2. の / くつ / 新<ruby>あたら<rt></rt></ruby>しくない / わたし / は / です /。

3. は / です / おもい / かばん / の / お父<ruby><rt>とう</rt></ruby>さん /。

国の気候について話してみましょう。

例　Ａさん「Ｂさんの国は暑いですか。」

　　Ｂさん「はい、毎日暑いです。」　または　「いいえ、暑くないです。」

　　Ａさん「日本の冬は寒いです。Ｂさんの国はどうですか。」

　　Ｂさん「とても寒いです。」　または　「寒くないです。」

👤 **よみましょう**

日本には、4つの「きせつ」があります。

春、夏、秋、冬です。

春は、あたたかいです。さくらがさきます。

夏は、あついです。クーラーをつけます。すずしいです。

秋は、すずしいです。虫が鳴きます。くだものがおいしいです。

冬は、さむいです。ストーブをつけます。あたたかいです。

 **かきましょう**

① 自分の国の気こうについて 書きましょう。

（　わたし　/　ぼく　）の 国は、＿＿＿＿＿＿＿＿＿＿＿ です。

　1月は、＿＿＿＿＿＿＿＿＿＿＿＿＿＿＿＿＿＿＿。

　4月（　は　・　も　）、＿＿＿＿＿＿＿＿＿＿＿＿＿。

　7月（　は　・　も　）、＿＿＿＿＿＿＿＿＿＿＿＿＿。

　10月（　は　・　も　）、＿＿＿＿＿＿＿＿＿＿＿＿。

あつい、すずしい、あたたかい、さむい

② 上の文を ぜんぶ書きましょう。

おとしもの

形容詞の連体修飾／疑問詞「どんな」

おぼえましょう

・これは、青いハンカチです。

・これは、黄色くて大きい水とうです。

・「どんな水とうですか。」
　「赤くてほそい水とうです。」

この課のねらい　Can Do
様々な形容詞の語彙を使い、
物の形や色などについて質問
したり詳しく説明したりできる。

あか　い　＋　ほそい
　　↓
くて　＋　ほそい　＝　あかくて　ほそい

朝の会です。おとしものがあります。先生がみんなに聞きます。

先生　「みなさん、おはようございます。おとしものがあります。
　　　　見てください。**青いハンカチです。**だれのですか？」

カイ　「はい、ぼくのです。」

先生　「気をつけてね。もうひとつあります。水とうです。
　　　　黄色くて大きい水とうです。」

あゆみ　「わたしのです。」

先生　「気をつけてね。」

めい　「先生、わたしの水とうもありません。」

先生　「**どんな水とうですか？**」

めい　「**赤くてほそい水とうです。**」

先生　「みんなでさがしましょう。めいさん、名前を書きましょ
　　　　う。」

4
合
目

先生方へ

　物の形状や様子について説明できるようになると、話せることが多くなり発話も増え
るでしょう。身近な物や事柄について話してみましょう。

ことば

おとしもの

青い　　　　黄色い　　　　赤い　　　　大きい　　　　細い

ひょうげん

気をつけてね　　　　もうひとつ

なかまのことば

色

赤い　　　青い　　　黄色い　　　白い　　　黒い　　　茶色い

◯　　　◯　　　◯　　　◯　　　◯　　　◯

はんたいのことば

大きい　⇔　小さい 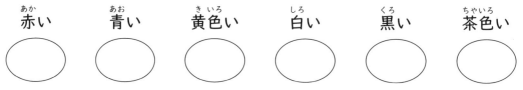 高い　⇔　やすい

多い　⇔　少ない  新しい　⇔　古い

太い　⇔　細い  長い　⇔　みじかい

かわいい　　　　かっこいい

🗨 いいましょう

1 ▢ の中のことばをかえて 言いましょう。

1. ▢青い + ▢ハンカチ です。

① 赤い / 水とう 　　② 大きい / かばん 　　③ 新しい / けしゴム

④ 古い / うわばき 　　⑤ おいしい / きゅう食

2. ▢大きい + ▢黄色い → 大きくて 黄色い

① 古い＋茶色い 　　② 長い＋ほそい 　　③ 小さい＋赤い

④ 新しい＋かわいい 　　⑤ 黒い＋かっこいい

3. どんな ▢水とう ですか。

> れい) 黄色い / 水とう → 黄色い 水とうです。

①  　　②  　　③

青い / 自てん車 　　大きい＋茶色い / 犬 　　新しい＋赤い / ランドセル

2 ことばをならべて 正しい文にしましょう。

1. です / は / ハンカチ / 青い / これ /。

2. か / どんな / です / 水とう /。

3. 黒い / です / 大きくて / これ / 水とう / は /。

3 どちらが正しいですか。正しい文に〇をつけましょう。

1. （　　） これは、小さい犬です。

 （　　） これは、小さいの犬です。

2. （　　） ぞうは、大きいくておもいです。

 （　　） ぞうは、大きくておもいです。

3. （　　） わたしの水とうは、ほそくて長いです。

 （　　） わたしの水とうは、ほそい長いです。

💬 はなしましょう

・対義語をリズミカルに言ったり、対義語を探すパズルをするなど、ゲーム感覚で
　形容詞を覚えましょう。

・自分の持ち物について話したり、相手の持ち物について尋ねたりできるようにし
　ましょう。

📖 よみましょう

「わたしの犬」

　わたしの家に、かわいい犬がいます。名前は、ゴンです。ゴンは、体が大きいです。口も耳も大きいです。しっぽは、太くて長いです。

　ゴンのおもちゃは、やわらかいボールです。わたしがボールをなげます。ゴンは、ボールをとります。

 **かきましょう**

① 絵をかいて せつ明しましょう。

「（ わたし ／ ぼく ） の＿＿＿＿＿＿＿＿＿＿ 」

（外枠：空欄）

（ わたし ／ ぼく ） の [どこ] ＿＿＿＿＿＿＿＿＿に、

[なに] ＿＿＿＿＿＿＿＿が（ あります ／ います ）。

＿＿＿＿＿＿＿は、＿＿＿＿＿＿＿＿＿です。

＿＿＿＿＿＿＿は、＿＿＿＿＿＿＿＿＿です。

② 上の文を ぜんぶ書きましょう。

③か ドッジボール
～は、～かったです〈時制〉

あかぐみ　しろぐみ

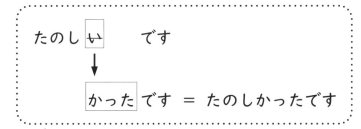

おぼえましょう

・「ドッジボールは、どうでしたか。」
　「とても楽しかったです。」
　「あまり楽しくなかったです。」

たのし い　　です
　　　↓
かった です ＝ たのしかったです

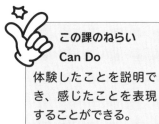

この課のねらい
Can Do
体験したことを説明でき、感じたことを表現することができる。

休み時間に ドッジボールをしました。カイさん、めいさんは、赤組、あゆみさん、サムさんは、白組でした。サムさんは、はじめてドッジボールをしました。

白組がかちました。クラスで ドッジボールの話をしました。

サム　「ボールがはやくて こわかったです。ボールが 足に当たりました。でも、あまりいたくなかったです。ルールがよくわかりませんでした。

先生　「そうですか。**カイさんは、どうでしたか？**」

カイ　「赤組は、まけました。だから くやしかったです。でも、**とても楽しかったです。**」

先生　「あゆみさんは、どうでしたか？」

あゆみ　「わたしたちは、かちました。うれしかったです。」

めい　「えー！ わたしは、**あまり楽しくなかったです。**
つまらなかったです。」

先生方へ

　子どもたちの表情から、感じたことをどのように表現すればよいのかをその場で教えてあげてください。
　例えば、スポーツをした時に、「楽しい」「くやしい」といった感情を体験し、言葉を覚えることができます。
＊「web版もういっぽ⑩」を読んで、物事をもっと詳しく説明する練習をしましょう。

ことば

ドッジボール　　ルール

かちます　⇔　まけます

おもしろい　⇔　つまらない

はやい　⇔　おそい

こわい

むずかしい　⇔　やさしい

くやしい　　はじめて

とても　…　テストは、20点でした。とてもむずかしかったです。

あまり　…　テストは、90点でした。あまりむずかしくなかったです。

なかまのことば　スポーツ

ドッジボール　　水えい　　サッカー　　バスケットボール

バレーボール　たっきゅう　　マラソン　　かけっこ（たんきょり走）

野きゅう　　　　　　　　すもう

1 ことばの形をかえて 言いましょう。

1.
> れい）楽しいです－（楽しかったです）－（楽しくないです）
> 　　　－（楽しくなかったです）

① おもしろいです　－（　　　　）－（　　　　）－（　　　　）

② いたいです　　　－（　　　　）－（　　　　）－（　　　　）

③ むずかしいです　－（　　　　）－（　　　　）－（　　　　）

④ いいです　　　　－（　　　　）－（　　　　）－（　　　　）

2.
> れい）水えいは、どうでしたか。
> 　　　（楽しい）です　→　とても（楽しかった）です

① こわい　　② つまらない　　③ きもちいい　　④ 水が つめたい

（　　　　）です　→　とても（　　　　）です

2 ことばをならべて 正しい文にしましょう。

1. ドッジボール / はじめての / は / でした / どう / か /。

2. 楽しくなかった / マラソン / くるしくて / です / は /。

💬 はなしましょう

じゃんけんやけん玉、簡単なゲームなどをして、どう思ったか話しましょう。

体育の授業など、内容について話しましょう。

例　Ａさん「今日の体育は何をしましたか。」

　　Ｂさん「バスケットボールをしました。」

　　Ａさん「どうでしたか。」

　　Ｂさん「ドリブルが難しかったです。」

4合目

【サムさんの日記】

　休み時間に、ドッジボールをしました。

　ぼくは、はじめてドッジボールをしました。はじめは、ルールがよく わかりませんでした。ボールがはやくて こわかったです。ボールが、足に 当たりました。でも、あまりいたくなかったです。外野でボールをひろいました。力いっぱいなげました。めいさんに 当たりました。少し うれしかったです。

【カイさんの日記】

　今日は、友だちと ドッジボールをしました。ドッジボールは、おもしろくて 楽しかったです。ぼくは、3人当てました。でも、赤組はまけました。くやしかったです。でも、とても楽しかったです。

 **かきましょう**

① 体_{たい}いくや音楽_{おんがく}、図工_{ずこう}などのじゅぎょうのかんそうを 書_かきましょう。

きょうの＿＿＿＿＿時間目_{じかんめ}は、＿＿＿＿＿＿＿＿＿＿＿でした。

＿＿＿＿＿＿＿＿＿を＿＿＿＿＿＿＿＿＿＿＿ました。

＿＿＿＿＿＿＿くて、＿＿＿＿＿＿＿＿＿かったです。

② 上_{うえ}の文_{ぶん}を ぜんぶ書_かきましょう。（たてに書_かきましょう。）

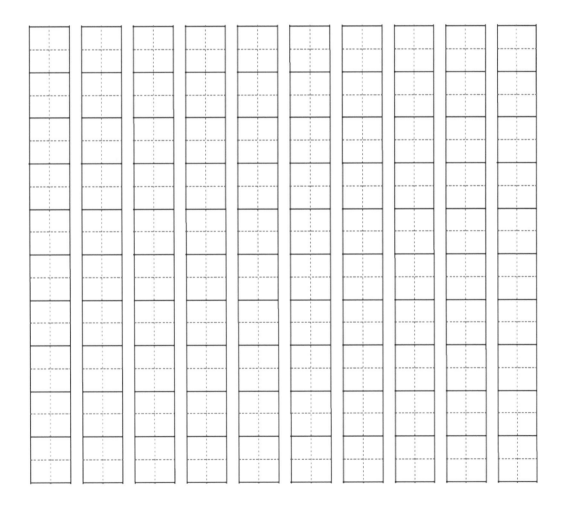

4 か 算数

比較／疑問詞「どちら」「どれ」／単位のことば

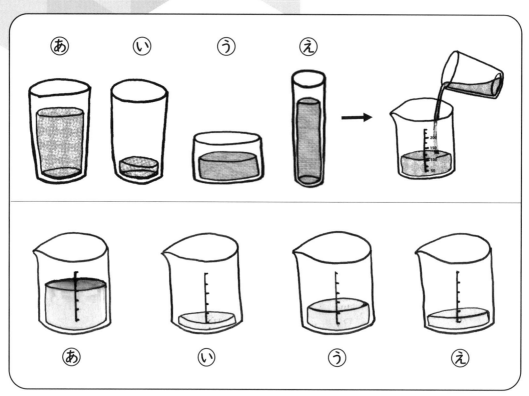

あ い う え

あ い う え

おぼえましょう

・あはいより多いです。

・「うとえと、どちらが多いですか。」
　「うの方が多いです。」

・「どれが いちばん多いですか。」
　「あが いちばん多いです。」

この課のねらい　Can Do
ものの数や量、状態・形状を比較して表現できる。また質問できる。

⒜と⒤は、コップの大きさが 同じです。先生は、⒜のコップに 水をたくさん 入れました。⒤のコップに 水を少し入れました。先生は、⒜と⒤のコップをくらべます。

先生　「コップの水を 見てください。⒜は⒤より 多いです。」

⒰と⒠は、コップの大きさが ちがいます。先生は、⒰と⒠のコップにも 水を 入れました。⒰と⒠の水のかさを はかります。⒰は100mL、⒠は70mL でした。

先生　「⒰と⒠と、どちらが 多いですか？」
カイ　「⒰の方が 多いです。」
先生　「そうですね。⒰は⒠より 多いです。」

先生は ⒜の水のかさも はかりました。⒜のかさは、200mL でした。

先生　「この 4つの中で、どれが いちばん多いですか？」
サム　「⒜が いちばん多いです。」
先生　「みなさん、いいですか？」
みんな　「いいです。」

先生方へ

ものの長さや重さ、かさを表す単位のことばを整理しましょう。特に低学年は具体物で体験し、ことばと結び付けることが大切です。学年に応じて、時間や距離、面積などにも応用しましょう。
＊「web版もういっぽ⑪」を参考に、教科につなげる言葉や表現を学習しましょう。

コップ

かさ

くらべます

はかります

たくさん ⇔ 少し

なかまのことば

かさ

1L（いちリットル）　　多い

1dL（いちデシリットル）　↕

1mL（いちミリリットル）　少ない

1L ＝ 10dL ＝ 1000mL

きょり

1km（いちキロメートル）　遠い

　　　　　　　　　　　　↕

1m（いちメートル）　　　近い

おもさ

1t（いっトン）　　　　　おもい

1kg（いちキログラム）　　↕

1g（いちグラム）

1mg（いちミリグラム）　かるい

1t ＝ 1000kg、 1kg ＝ 1000g

長さ

1m（いちメートル）　　　長い

1cm（いちメートル）　　　↕

1mm（いちミリメートル）　みじかい

1km ＝ 1000m、 1m ＝ 100cm、 1cm ＝ 10mm

1 ◻ の中のことばをかえて 言いましょう。

1. ┌ れい） ｜いかの足｜と ｜たこの足｜と、どちらが 多いですか。

｜いかの足｜の 方が 多いです。

｜たこの足｜は ｜いかの足｜より 少ないです。 ┘

① 牛にゅう、水　② ズボンの子、スカートの子　③ 中国の人口、日本の人口

1L

1.5L

やく14おく2000万人

やく1おく2300万人

2. ┌ れい） 日本語と えい語と 中国語 / むずかしい

｜日本語と えい語と 中国語｜ の中で、どれが いちばん

｜むずかしい｜ ですか。 ┘

① りんごと みかんと ぶどう / おいしい
② 体いくと 音楽と 図工 / 楽しい
③ 犬と ねこと うさぎ / かわいい

3. ┌ れい） どうぶつ / 大きい

｜どうぶつ｜の中で、なにが いちばん ｜大きい｜ですか。 ┘

① くだもの / おいしい　　② 教科 / 楽しい
③ 日本のアニメ / おもしろい

2 ことばをならべて 正しい文にしましょう。

1. か / と / 女子 / どちら / が / 多い / です / 男子 / と /。
2. の / 多い / ほうが / です / 女子 /。
3. 男子は（少ない / です / より / 女子）。
4. です / 何 / が / で / 中 / おもしろい / か / スポーツ / の
いちばん /。

はなしましょう

ここでは、様々なものを比較して表現する練習をしましょう。（実際のクラスの人
数や、友だちとの身長や体重、持ち物や身の回りの物、出身国と日本の比較など）

例 Ａさん「日本の人口と中国の人口と、どちらが多いですか。」

Ｂさん「中国のほうが多いです。」

Ａさん「筆箱の鉛筆の中で、どれがいちばん長いですか。」

Ｂさん「これがいちばん長いです。」

Ａさん「日本の食べ物の中で、何がいちばんおいしいですか。」

Ｂさん 「お寿司がいちばんおいしいです。」

よみましょう

　カイさんのお父さんと お兄さんは、しん長を はかりました。お父
さんは 170cm、お兄さんは 173cm でした。お兄さんの方が、少し せ
が 高かったです。
　体じゅうも くらべました。お父さんは 70 kg、お兄さんは、63kgで
した。お父さんの方が おもかったです。

 **かきましょう**

① 自分と友だちの せについて 書きましょう。

（　わたし　／　ぼく　）の 友だちは、＿＿＿＿＿＿＿＿＿さんです。

（　わたし　／　ぼく　）は、＿＿＿＿＿＿＿＿＿さんより

せが＿＿＿＿＿＿＿＿＿です。

＿＿＿＿＿＿＿＿＿さんの方が せが＿＿＿＿＿＿＿＿＿です。

クラスの中で＿＿＿＿＿＿＿＿＿さんが いちばん せが高いです。

4合目

② 上の文を ぜんぶ書きましょう。

5 か 自転車教室

交通ルール／様子を表す形容動詞

① ② ③

おぼえましょう

・このの乗り方は、あんぜんです。

・「あのの乗り方は、あんぜんですか。」

　「はい、あんぜんです。」

　「いいえ、あんぜんではありません。」

・「あのの乗り方は、どうですか。」

　「あんぜんです。」

この課のねらい　Can Do

・「危険」「安全」の言葉の意味がわかり、身の安全を守るために必要な行動がとれる。

・周りに危険を伝えられる。

2時間目は、自てん車教室です。

先生　「これから、自てん車教室をはじめます。子どもの自て
　　　ん車のじこは、とても多いです。今日は、自てん車の
　　　のり方を べんきょうしましょう。
　　　自てん車は、道ろの右がわを走りますか。左がわを走
　　　りますか。」

あゆみ　「左がわを走ります。」

先生　「そうですね。自てん車は、道ろの左がわを走ります。
　　　これから 自てん車が 3台来ます。どののり方が あん
　　　ぜんですか。」

1台目の自てん車が 来ました。

先生　「あののり方は、あんぜんですか?」

みんな　「いいえ、あんぜんではありません。二人のりは、
　　　きけんです。」

2台目の自てん車が 来ました。

先生　「あののり方は、どうですか?」

みんな　「あんぜんではありません。スマホは、だめです。」

3台目の自てん車が 来ました。

先生　「あののり方は、どうですか?」

みんな　「あんぜんです。」

先生　「そうですね。みんなも ヘルメットをかぶりましょう。
　　　気をつけて 自てん車にのりましょう。」

ことば

自てん車

じこ

右がわ　⇔　左がわ

二人のり

スマホ　（＝　スマートフォン）

ヘルメット

あんぜんな　⇔　きけんな

ひょうげん

自てん車教室　…　自てん車の　のり方を　べんきょうします。

のり方　…　のります（ます形）＋方　　れい）書き方、作り方、食べ方

どの のり方　…　どれ＋のり方　　この のり方　…　これ＋のり方

なかまのことば

ようすの　ことば

きれいな　　しずかな　　大へんな　　にぎやかな　　かんたんな

きれいな　→　きれいです

　　　　　　　きれいでした

きれいな　→　きれいでは（じゃ）ありません

　　　　　　　きれいでは（じゃ）ありませんでした

先生方へ　子どもを事故から守るため、自転車の乗り方を学ぶ課を設けました。自転車の正しい乗り方を学ぶとともに、通学路の危険箇所や災害時に安全な避難場所はどこか等を確認しましょう。

💬 いいましょう

1

I. ☐ のことばをかえて 言いましょう。

れい) この のり方、あんぜんな → この のり方 は、あんぜんです 。

① この プール、きれいな　　② あの 図書かん、しずかな

③ 家の近くの公園、にぎやかな　④ きのうのそうじ、大へんな

⑤ きのうの算数のテスト、かんたんな

Ａさん　　Ｂさん

2. 絵を見て 答えましょう。

れい)　　このテストは、かんたんですか?

Ａさん「はい、かんたんです。」

Ｂさん「いいえ、かんたんではありません。」

① この公園は、しずかですか。

② このへやは、きれいですか。

2 ことばをならべて 正しい文にしましょう。

I.「作り方 / かんたん / ですか / の / ラーメン / は /。」

「ではありません / いいえ / かんたん /。」

2. きのう / おまつり / の / でした / は / にぎやか /。

💬 はなしましょう

災害時に、安全な場所・危険な場所について話して確認しましょう。

例　先生　「地震の時、どこが危険ですか。」

　　Ａさん「窓の近くが危険です。」

　　Ｂさん「机の下が安全です。」

📖 よみましょう

　サムさんは、そうじがすきではありません。本やふくを かたづけません。ゴミを ゴミばこにすてません。へやは、きたないです。お母さんは、とても おこりました。サムさんは、はんせいしました。

　サムさんは、へやのそうじをしました。「お母さん、来て。」と お母さんを よびました。お母さんは、へやを見ました。とてもきれいです。お母さんは、よろこびました。

　　お母さん　「すごい！　とてもきれいだね（きれいですね）。」

　　サム　　　「うん。１時間 そうじをしたよ（しました）。」

　　お母さん　「１時間も？　それは 大へんだったね（大へんでした
　　　　　　　ね）。」

　　サム　　　「ううん。大へんじゃないよ（大へんじゃありません）。
　　　　　　　こんなのかんたんだよ（かんたんです）。今日はひま
　　　　　　　だったから（ひまでしたから）。」

　みなさんのへやは、きれいですか。

かきましょう

あなたの学校について 書きましょう。

れい） わたしの学校
　わたしは、○年○組です。先生は○○先生で、とてもやさしいです。男子は○人、女子は○人です。わたしのクラスは、にぎやかです。とても楽しいクラスです。

友だちを しょうかいしましょう

形容動詞の連体修飾

 おぼえましょう

- カイさんは、とても親切な人です。
- 「となりの友だちは、どんな人ですか。」
  「サムさんは、とても元気な人です。」

この課のねらい　Can Do
友達のいいところを見つけ、それを言葉で伝えることができる。

これから、作文を書きます。友だちのしょうかいを書きます。まず、友だちの 話をします。

めい　　　「しおりさんは、やさしい人です。」

カイ　　　「はるかさんは、おもしろい人です。」

先生　　　「そうですね。ほかには？」

あゆみ　　「**カイさんは、とても親切な人です**。きのう わたしは、
　　　　　　はなぢが 出ました。カイさんに ティッシュをもらい
　　　　　　ました。わたしは、とても うれしかったです。」

先生　　　「いいですね。では **となりの友だちは、どんな人ですか？**」

はるか　　「**サムさんは、とても元気な人です**。いつも 元気な声で
　　　　　　あいさつします。」

先生　　　「いいですね。みんな 大切な友だちですね。では、作文を
　　　　　　書きましょう。」

4
合
目

先生方へ

　　「元気な」「親切な」は抽象的で意味がわかりにくい言葉です。具体的にどういうこと
か、本文のように言葉にして伝えてあげてください。
＊「web版もういっぽ⑫」を読んで、自分の得意なこと、苦手なことなどについて考え
　ましょう。
＊「web版もういっぽ⑬」を読んで、日本の昔話に親しみましょう。
＊この課を終えたら「web版4合目のふりかえり」で理解を確認しましょう。

ことば

しょうかい

はなぢ

<ruby>声<rt>こえ</rt></ruby>

<ruby>親切<rt>しんせつ</rt></ruby>な

あゆみさんは、おばあさんのにもつを
もちます。
せきをゆずります。
あゆみさんは、<ruby>親切<rt>しんせつ</rt></ruby>な<ruby>人<rt>ひと</rt></ruby>です。

<ruby>元気<rt>げんき</rt></ruby>な

サムさんは、かぜをひきません。
いつも <ruby>外<rt>そと</rt></ruby>であそびます。
サムさんは、<ruby>元気<rt>げんき</rt></ruby>な<ruby>人<rt>ひと</rt></ruby>です。

<ruby>大切<rt>たいせつ</rt></ruby>な

お<ruby>金<rt>かね</rt></ruby>は、<ruby>大切<rt>たいせつ</rt></ruby>です。
でも、お<ruby>金<rt>かね</rt></ruby>より<ruby>大切<rt>たいせつ</rt></ruby>なものが あります。
それは、<ruby>何<rt>なん</rt></ruby>ですか。

💬 **いいましょう**

1 ▢ の中のことばは、どれですか。絵を見て< >から

えらびましょう。

> れい） りゅうのすけさんは、元気な 男の子です。
>
> < 親切です、 にぎやかです、 元気です >

① 4年3組は、▢ クラスです。　　　①

< 親切です、 にぎやかです、 しずかです >

② れいさんは、▢ 人です。　　　②

< にぎやかです、 親切です、 大切です >

③ これは、▢ ハンカチです。　　　③

< 元気です、 きれいです、 にぎやかです >

④ ここは、▢ 公園です。　　　④

< にぎやかです、 かんたんです、 親切です >

⑤ これは、▢ テストです。　　　⑤

< きれいです、 元気です、 かんたんです >

2 ことばをならべて 正しい文にしましょう。

1.「どんな / か / さきさん / です / は / 人 /。」

　「人 / です / 親切な /。」

2. とても / は / サムさん / 男の子 / 元気な / です /。

はなしましょう

・身の回りの物や、場所の様子を話してみましょう。

> 例　Aさん「ここはどんな公園ですか。」
>
> Bさん「きれいな公園です。」

・クラスの友だちや先生のことを話してみましょう。

> 例　Aさん「しおりさんはどんな友だちですか。」
>
> Bさん「とても親切な友だちです。」

かきましょう

友^{とも}だちのことを 書^かきましょう。

（　わたし　/　ぼく　）の友^{とも}だちは、	さんです。
さんは、

①

　日本には高い山があります。名前は、「ふじ山」です。高さは
3776ｍ です。日本でいちばん高い山は、ふじ山です。

　お年よりも、わかい人も、小さい子どもも、みんな わかります。
ふじ山は、日本で 一ばん有名な山です。

②

　長野県松本市には、有名な学校があります。開智学校は、日本で一
ばん古い小学校です。たくさんの子どもたちが 通いました。
とてもにぎやかな学校でした。

　この写真を見ましょう。学校に赤ちゃんがいますね。どうして、
赤ちゃんがいるのでしょう。ふしぎですね。むかしは、小学生も
赤ちゃんのお世話をしました。でも、子どもたちは 勉強したいです。
ですから、先生は、「赤ちゃんもいっしょに 学校へ来ましょう。
そして 勉強しましょう。」と言いました。かわいい赤ちゃんと元気な
子どもたちが いっしょうけんめい勉強しました。

（資料提供　松本市教育委員会）

メモらん

道を たずねましょう

～てください

 おぼえましょう

・しらかば公園までの道を　教えてください。

・つきあたりを　左に曲がってください。

この課のねらい　Can Do
・困った時に人にお願いができる。
・人の指示を聞いて動くことができる。

日曜日、カイさんとサムさんは、しらかば公園へ行きました。しら
かば公園は、新しい公園です。

　二人は、とちゅうで道にまよいました。コンビニの店員さんに　道
を聞きました。

　「すみません、しらかば公園までの道を　教えてください。」

　コンビニの店員さんは、地図をかきました。

　「お店の前の道を　左へ行ってください。つきあたりを　左に曲がっ
　てください。次の角を　右に曲がってください。すぐに　スーパー
　が　あります。その向かいが　公園ですよ。」

　と、言いました。

　「ありがとうございました。」

　カイさんたちは、おれいを言いました。

5
合
目

先生方へ

　「消しゴムを貸してください」「漢字を教えてください」など、困った時に、先生や友達に丁寧に依頼（お願い）する表現と、「立ってください」「そこを曲がってください」など、人に丁寧に指示をする表現を学びます。日常生活でよく耳にする表現ですが、「貸します→貸して」「立ちます→立って」のように、日本語学習者にとっては、動詞の変化が難しく（日本語教育では「て形」といいます）、子どもによっては習得に時間がかかるかもしれません。正しい形で話せるようしっかり練習しましょう。

　「て形」の変化のルールは、5合目6課「ことばのグループ分けとへん化」（P.204）をご覧ください。

ことば

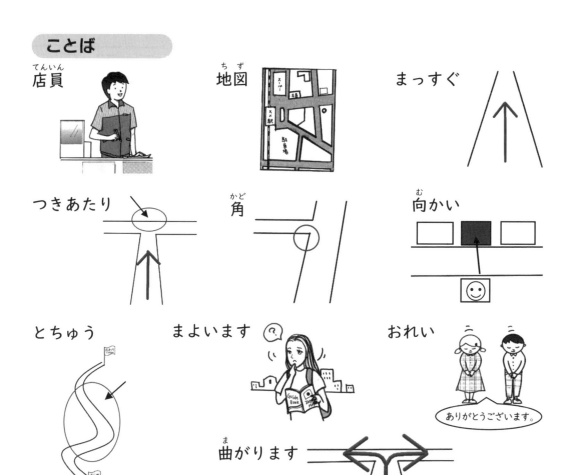

店員　　地図　　まっすぐ

つきあたり　　角　　向かい

とちゅう　　まよいます　　おれい

曲がります

ひょうげん

道を聞きます。 ＝ 道をたずねます。

なかまのことば　道のことば

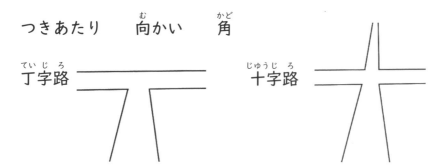

つきあたり　　向かい　　角

丁字路　　十字路

1 6かの②の表（P.206）を見て れん習しましょう。

> れい） 先生に 言います。 → 先生に 言ってください。

１．① まどを 開けます。　② まどを しめます。
　　③ 早く ねます。　　　④ プリントを 集めます。
　　⑤ 先生を 見ます。　　⑥ 7時に 起きます。

２．① わたしの家へ 来ます。　② 宿題を します。

３．① 作文を 書きます。　② 先生の話を 聞きます。
　　③ 音楽室へ 行きます。　④ くつを ぬぎます。
　　⑤ 本を 読みます。　　⑥ なかよく 遊びます。
　　⑦ 手を あらいます。　⑧ そこに 立ちます。
　　⑨ ノートを 買います。　⑩ 黒板を 消します。

2 ことばをならべて 正しい文にしましょう。

１．右 / ください / 曲がって / 十字路 / を / に /。
２．曲がって / に / 角 / ください / 次 / を / の / 左 /。
３．この / まっすぐ / を / ください / 行って / 道 /。

5合目

はなしましょう

困った時に何と言うか、話してみましょう。

給食を減らしたいとき　→　　例　　少し減らしてください。

はしを忘れたとき　→

教科書を忘れたとき　→

このほかにも考えてみましょう。

かきましょう

 はなしましょう で話したことを 書きましょう。

～きゅうしょくをへらしたいとき～
～はしをわすれたとき～
～教科書をわすれたとき～

　リサイクル委員会は、１学期に２回、アルミかんを集めます。それ
をリサイクルの会社が買います。お金は、児童会の活動で使います。

　リサイクル委員から、クラスのみんなに 連らくがあります。

　委員「きょ年、くさいアルミかんがありました。大へんでした。

　　　アルミかんをあらってください。それから、アルミかんを

　　　つぶしてください。ゴミのかさがへります。」

　先生「みなさん、わかりましたか。きょう力してくださいね。」

5合目

きまりを 守（まも）りましょう

～てはいけません／～てもいいですか

 おぼえましょう

- となりの人（ひと）のテストを 見（み）てはいけません。
- 「教科書（きょうかしょ）を 見（み）てもいいですか。」
  「いいえ、見（み）てはいけません。」
- 「じょうぎを 使（つか）ってもいいですか。」
  「はい、じょうぎを 使（つか）ってもいいです。」

この課のねらい　Can Do
- 授業やテストを受ける際に、ルール（きまり）を理解して行動できる。
- してもいいこと、してはいけないことを尋ねることができる。
- 許可を求めることができる。

3時間目に、算数のテストがあります。テストの前に、先生がせつ明します。

先生　　「みなさん、これから算数の図形のテストをします。つくえの上に、えんぴつと消しゴムを 出してください。となりの人のテストを 見てはいけません。」

カイ　　「先生、教科書を 見てもいいですか?」

先生　　「いいえ、見てはいけません。」

サム　　「じょうぎを 使ってもいいですか?」

先生　　「はい、じょうぎを 使ってもいいです。では、テストを始めます。時間は12時まで、30分間です。」

テストが終わりました。

あゆみ　「先生、今、トイレへ 行ってもいいですか?」

先生　　「少し待ってください。まず、テストを集めます。それから、トイレへ 行ってもいいです。」

あゆみ　「はい、わかりました。」

5課目

ことば

せつ明します

始めます ⇔ 終わります

「これから、日本語のじゅ業を始めます。おねがいします。」

「これで、日本語のじゅ業を終わります。ありがとうございました。」

ひょうげん

〜の前に ⇔ 〜の後に

「きゅう食の前に、手をあらいます。」

「きゅう食の後に、そうじをします。」

まず〜。 それから〜。

「まず、手をあらいます。それから、きゅう食を食べます。」

1 れいと同じように 文をかえましょう。

1. れい）ろう下を 走ります。

→ ろう下を 走ってはいけません。

① 教科書を 見ます。 →
② 教室で おかしを食べます。 →
③ 道路の左を 歩きます。 →
④ 友だちを たたきます。 →

2. れい）教室で本を 読みます。

→ 教室で本を 読んでもいいです。

① ボールペンで 書きます。 →
② 校庭で サッカーをします。 →
③ 休み時間に 水を飲みます。 →
④ 校長室に 入ります。 →

3. れい）トイレへ 行きます。

→ トイレへ 行ってもいいですか。

① このチョコレートを 食べます。 →
② ここで 勉強します。 →
③ スプーンを 使います。 →
④ このジュースを 飲みます。 →

2 ことばをならべて 正しい文にしましょう。

1. 見ては / 友だち / の / いけません / を / テスト /。
2. か / 飲んでも / を / 水 / いいです /。
3. 3さつ / かりても / 図書館 / いいです / 本 / で / を /。

5 合目

🗨 はなしましょう

学校やクラスのルールについて、話しながら考えてみましょう。

例　先生　　「廊下を走ってはいけませんよ。」

　　子ども　「どうしてですか。」

　　先生　　「あぶないですから。」

　　子ども　「体育館で走ってもいいですか。」

　　先生　　「いいですよ。」

📖 よみましょう

日本（にほん）の学校（がっこう）には、たくさん ルール（きまり）があります。

たとえば、「教室（きょうしつ）でおかしを食（た）べてはいけません。」「じゅ業中（ぎょうちゅう）にスマホを使（つか）ってはいけません。」「休（やす）み時間（じかん）に家（いえ）へ帰（かえ）ってはいけません。」「ろう下（か）を走（はし）っては いけません。」というルールです。

みんながルールを守（まも）ります。　→ 学校（がっこう）は、楽（たの）しいです。

だれもルールを守（まも）りません。　→ 学校（がっこう）は、楽（たの）しくないです。

 **かきましょう**

みなさんの学校のルールを 書きましょう。

れい） ろう下を走ってはいけません。

シャープペンシルを使ってもいいです。

おんがくかい
音楽会

〜ています〈進行〉

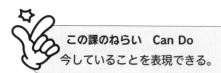 おぼえましょう

うた　うた
・歌を歌っています。

せんせい
・先生は、しきをしています。

たの　　み
・おじいさんは、楽しく見ています。

☆
この課のねらい　Can Do
今していることを表現できる。

今日は、音楽会です。

みんなで **歌を歌っています。**

めいさんは、リコーダーをふいています。

サムさんは、トランペットをふいています。

しおりさんは、タンバリンをたたいています。

カイくんは、ドラムをたたいています。

あゆみさんは、ピアノをひいています。

さきさんは、ギターをひいています。

先生は、しきをしています。

お母さんは、ビデオをとっています。

お父さんは、写真をとっています。

おじいさんは、楽しく見ています。

おばあさんは、手をたたいています。そして、いっしょに歌っています。

先生方へ

「〜ています」の形は、様々な用法があります。この課では、「本を読んでいます」や「掃除しています」などの進行形を扱います。「知っています」や「ぼうしをかぶっています」など、動作の結果・状態を表す用法は5合目5課（P.198）で扱います。

おんがくかい
音楽会

きせつ

しき

ビデオ

なかまのことば

がっき
楽器…ピアノ、オルガン、アコーディオン、ギター、バイオリン、
　　　けんばんハーモニカ、リコーダー（ふえ）、トランペット、たいこ、
　　　ドラム、もっきん、てっきん、シンバル、カスタネット、
　　　トライアングル、タンバリン

ひきます

ふきます

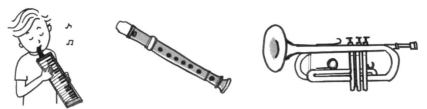

たたきます

188

１．れいと<ruby>同<rt>おな</rt></ruby>じように <ruby>文<rt>ぶん</rt></ruby>をかえましょう。

> れい）　きゅう<ruby>食<rt>しょく</rt></ruby>を <ruby>食<rt>た</rt></ruby>べます。
>
> 　　　⇒ きゅう<ruby>食<rt>しょく</rt></ruby>を <u><ruby>食<rt>た</rt></ruby>べています。</u>

① <ruby>牛<rt>ぎゅう</rt></ruby>にゅうを <ruby>飲<rt>の</rt></ruby>みます。　② <ruby>手紙<rt>てがみ</rt></ruby>を <ruby>書<rt>か</rt></ruby>きます。

③ <ruby>校庭<rt>こうてい</rt></ruby>で <ruby>遊<rt>あそ</rt></ruby>びます。　④ プールで <ruby>泳<rt>およ</rt></ruby>ぎます。

⑤ <ruby>歌<rt>うた</rt></ruby>を <ruby>歌<rt>うた</rt></ruby>います。　⑥ <ruby>友<rt>とも</rt></ruby>だちと <ruby>話<rt>はな</rt></ruby>します。

⑦ サッカーを します。　⑧ テレビを <ruby>見<rt>み</rt></ruby>ます。

２．<ruby>絵<rt>え</rt></ruby>を<ruby>見<rt>み</rt></ruby>て<ruby>答<rt>こた</rt></ruby>えましょう。<ruby>何<rt>なに</rt></ruby>をしていますか。

① ももせさん

② さくらちゃんの <ruby>お母<rt>かあ</rt></ruby>さん

④ もちづきさん　⑤ リュウさん

③ さいとうさん

⑥ たなかさん

⑦ さくらちゃん

⑧ スミスさん　⑨ かみじょうさん　⑩ こばやしさん

５
合
目

いいましょう 2．の答えを 書きましょう。

①	
②	
③	
④	
⑤	
⑥	
⑦	
⑧	
⑨	
⑩	

　今日は、星がきれいですね。星がきれいな夜は、星のかんさつをしましょう。

　どこでかんさつをしますか。家の庭やベランダ、近くの公園など、場所を 決めます。夜は、あぶないです。おうちの人といっしょに、外へ行きましょう。

　星は、ゆっくり動いています。どの方角にありますか。どんな色ですか。光の強さは、どうですか。１つの星を１時間ごとに、かんさつを してください。

　星は、東から西へ動いています。北極星は、北の空にあります。北極星は、動きません。

「あ！ 流れ星！！」

　流れ星は、とても速く動きます。だから、「流れ星」と よびます。

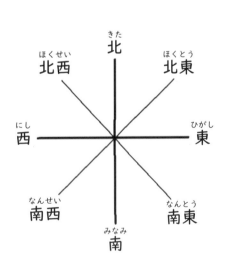

放かごの すごし方

〜て、〜て、〜ます

おぼえましょう

・わたしは、宿題をして、おやつを食べて、公園へ行きます。

・ぼくは、野さいをあらって、皮をむいて、切ります。

この課のねらい　Can Do
自分の行動や作業の手順を、順序立てて、かつ文をつなげて伝えることができる。

今日は、４時間じゅ業です。いつもより早く家へ帰ります。

先生　「みなさん、今日は、４時間じゅ業です。家へ帰って、
　　　何をしますか？」

あゆみ　「わたしは、宿題をして、おやつを食べて、公園へ行き
　　　ます。」

カイ　「ぼくは、おやつを食べて、お母さんとスーパーへ行っ
　　　て、買い物をします。」

先生　「カイさん、スーパーで何を買いますか？」

カイ　「たまごとバターと野さいを買います。今日の夕ごはん
　　　は、オムライスです。」

先生　「カイさんも、お母さんといっしょに オムライスを作り
　　　ますか。」

カイ　「はい、いっしょに作ります。お手つだいをします。
　　　ぼくは、野さいをあらって、皮を むいて、切ります。」

みんな　「へえ、カイさん、すごい！！」

5合目

先生方へ
　　　「〜て、〜て、〜て……」は文と文をつなげる（順接）便利な表現ですが、作文の時
　　　に多用して一文が長くなりすぎないように気を付けましょう。

ことば

たまご
バター
オムライス
（皮を） むきます

なかまのことば

皮

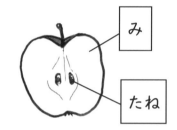
み

たね

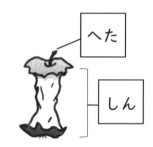
へた

しん

ひょうげん

・皮を むきます。　・たねを とります。　・へたを とります。

・ジャムを ぬります。　・たまごを パンに のせます。

💬 いいましょう

1 3つの文を 1つの文にしましょう。

> れい） 宿題をします → 公園へ行きます → 買い物をします
> ➡ 宿題をして、公園へ行って、買い物をします。

1. 夕ごはんを食べます → テレビを見ます → はをみがきます

2. 水着に着がえます → ぼうしをかぶります → プールへ行きます

3. ろう下に出ます → ならびます → 体育館へ行きます

2 正しいじゅん番を書いて 言いましょう。

1. ① 土をかけます。　② たねをまきます。　③ じょうろで
　　　　　　　　　　　　　　　　　　　　　　　　　水をやります。

（　　➡　　➡　　　）

2. ① すずりに、ぼくじゅうを入れます。　② 半紙に、字を書きます。

　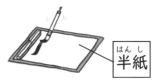

ぼくじゅう

すずり

半紙

③ 筆に、ぼくじゅうをつけます。

筆

（　　➡　　➡　　　）

5合目

💬 はなしましょう

授業で必要な作業を説明したり、日常の行動を説明しましょう。

例　〈教室で〉

ノートを閉じて、鉛筆を置いて、先生を見ましょう。

〈掃除で〉

机を運んで、ほうきではいて、雑巾でふきます。

〈日常生活で〉

ご飯を食べて、歯を磨いて、学校へ行きます。

✏️ かきましょう

朝起きて学校へ行くまで、何をしますか。じゅん番に書きましょう。

| |
| |
| |
| |
| |
| |
| |
| |

　カエルは、たまごを生みます。たまごからオタマジャクシが生まれて、足が生えて、しっぽが消えます。オタマジャクシは、カエルの子どもです。

　ニワトリも、たまごを生みます。たまごから、ヒヨコが生まれます。ヒヨコは、ニワトリの子どもです。

① カエルの子どもは、何ですか。→　？
② ニワトリの子どもは、何ですか。→　？
③ カエルやニワトリは、何を生みますか。→　？

これを 知っていますか

〜ています〈動作の結果・状態・くり返し・習慣〉

 おぼえましょう

・あゆみさんは、ジャンパーを着ています。

・わたしは、毎日カイロを使っています。

・「カイロを知っていますか。」
　「知りません。」

この課のねらい　Can Do
服装、持ち物など、身近なことについて話ができる。

朝、あゆみさんは、友だちと学校へ行きます。きせつは、冬です。外は、とても寒いです。**あゆみさんは、ジャンパーを着ています。**めいさんも、ジャンパーを着ています。サムさんは、温かいぼうしをかぶっています。

あゆみ 「おはよう。」

めい 「おはよう。今日は、とても寒いね。」

あゆみ 「そうだね。でも、わたしは温かいよ。**カイロを持っているから。**」

めい 「えっ、カイロ？ 何それ？ わたし、知らない。**サムくん、カイロ 知っている？**」

サム 「ううん。**ぼくも知らない。**」

あゆみさんは、ポケットからカイロを出しました。

あゆみ 「これがカイロだよ。**わたしは、毎日使っているよ。**」

めい 「へえ。さわってもいい？」

あゆみ 「いいよ。」

めい 「本当だ。温かい！」

先生方へ

「〜ています」が表すのは、現在進行形だけではなく、動作の結果・状態（例1）や状態（例2）、また繰り返し・習慣（例3）を表すこともあります。

例1） 「これから服を着ます」→「服を着ました」→「今、服を<u>着</u>ています」
… 動作の結果・状態

例2） わたしはカイロを<u>知っています</u>。… 状態

例3） わたしは毎日カイロを<u>使っています</u>。… 繰り返し・習慣

動詞や文脈によって「〜ています」の意味・用法が異なります。導入の際には扱う動詞を精査しましょう。

ことば

ジャンパー　　　　カイロ　　　　さわります

ひょうげん

持っています　　パソコンを 持っています。
　　　　　　　　＝わたしの家に パソコンがあります。
知っています　　わたしは、このかん字を知っています。
Q：カイロを知っていますか？　Ａ１：はい、知っています。
　　　　　　　　　　　　　　　Ａ２：いいえ、知りません。
　　　　　　　　　　　　　　　　　　（×知っていません）
Q：カイロを知ってる？　Ａ１：うん、知ってる。
　　　　　　　　　　　　Ａ２：ううん、知らない。

 いいましょう

① 絵を見て言いましょう。

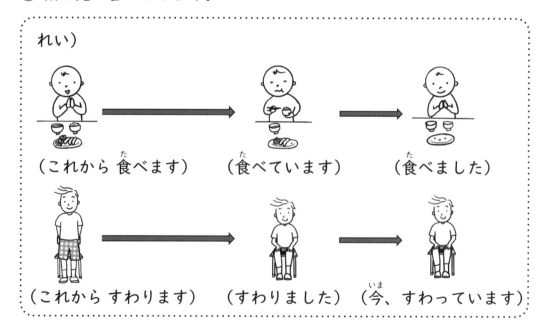

れい）

（これから 食べます）　　　（食べています）　　　（食べました）

（これから すわります）　　（すわりました）　（今、すわっています）

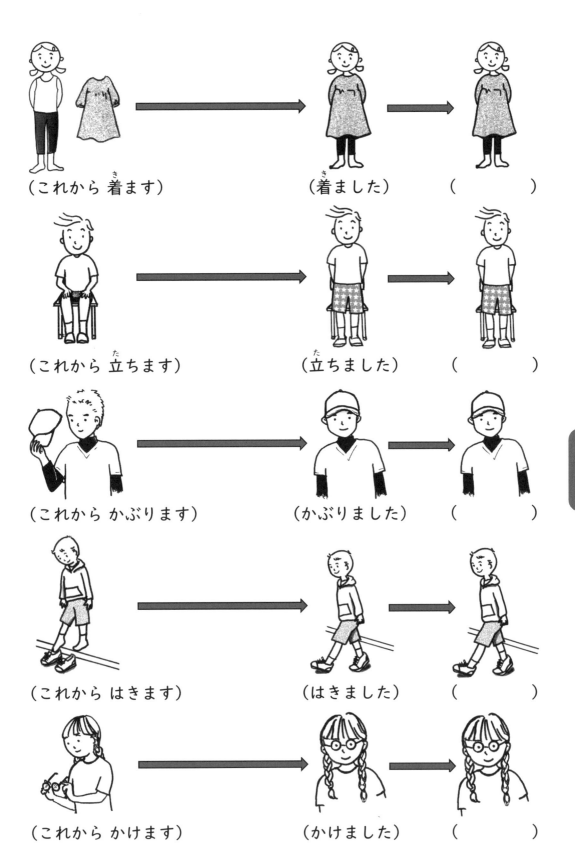

（これから 着<ruby>き</ruby>ます）　　（着<ruby>き</ruby>ました）　　（　　　　　）

（これから 立<ruby>た</ruby>ちます）　　（立<ruby>た</ruby>ちました）　　（　　　　　）

（これから かぶります）　　（かぶりました）　　（　　　　　）

（これから はきます）　　（はきました）　　（　　　　　）

（これから かけます）　　（かけました）　　（　　　　　）

② 絵を見て言いましょう。

> れい）　かなさんは、ぼうしをかぶっています。

かなさん　　たろうくん　　ももさん　　まことくん

めがね

Tシャツ

ズボン

シャツ

ワンピース

✏ **かきましょう**

今日、あなたは、どんな服そうですか。先生は、どうですか。

はなしましょう

子どもが持っている物、大切にしている物や知っていることを尋ねてみましょう。

> 例 先生 「私は、きのうかっこいい自転車を買いました。私は、自転車を持っ
> ています。Aさんは、自転車を持っていますか。」
> Aさん 「はい、持っています。私の自転車は赤くてかっこいいです。」

よみましょう

みなさんは、「ランドセル」を持（も）っていますか。

「ランドセル」は、何語（なにご）か知（し）っていますか。

「ランドセル」は、日本語（にほんご）ではありません。

オランダ語（ご）の「ランセル」が「ランドセル」になりました。

「ブランコ」や「ボタン」はポルトガル語（ご）、「イクラ」はロシア語（ご）です。

このように、外国（がいこく）の言葉（ことば）は、カタカナで書（か）きます。

動詞についてくわしく学ぼう

① 動詞の3つのグループ

1グループ

たちます。たち〜い、「い」だ！

じしょの形

あらいます	あらい　ます	あらい　〜　い	あらう
立ちます	立ち　ます	立ち　〜　い	立つ
走ります	走り　ます	走り　〜　い	走る
飲みます	飲み　ます	飲み　〜　い	飲む
遊びます	遊び　ます	遊び　〜　い	遊ぶ
聞きます	聞き　ます	聞き　〜　い	聞く
泳ぎます	泳ぎ　ます	泳ぎ　〜　い	泳ぐ
行きます	行き　ます	行き　〜　い	行く

＊国文法の五段活用です。

2グループ

たべます。たべ〜え、「え」だ！

食べます	食べ　ます	食べ　〜　え	食べる
ねます	ね　ます	ね　〜　え	ねる
開けます	開け　ます	開け　〜　え	開ける

見ます	見　ます	見　〜　い	見る
着ます	着　ます	着　〜　い	着る
起きます	起き　ます	起き　〜　い	起きる

> ＊国文法の上一・下一段活用です。「ます」の前が「e」の音は２グループです。でも、「i」になることばもあります。少ないですから、覚えましょう。上の表が「i」になる言葉の例です。

3グループ　＊「来ます」と「します」だけです。

来ます	来る
します	する

> ＊国文法のカ行変格活用、サ行変格活用です。

つぎの動詞は、何グループですか。

・書きます　　→ ☐

・着ます　　→ ☐

・勉強します　　→ ☐

・読みます　　→ ☐

・すわります　　→ ☐

先生方へ
　　動詞の活用を覚えるためには、その準備として３つのグループ分けを知っておくと便利です（特に高学年以上）。国文法の五段活用は１グループ、上一段・下一段活用は２グループ、カ行変格活用・サ行変格活用は３グループです。動詞は、「のみます→のんで、のんだ、のまない、のむ、のめば」（１グループ）、「たべます→たべて、たべた、たべない、たべる、たべれば」（２グループ）のように、文の中で担う機能によって変化します。

② 動詞の「て形」

1グループ

あらいます → あら|い|~~ます~~			→	あらって
立ちます → 立|ち|~~ます~~	+|って|	→	立って
走ります → 走|り|~~ます~~			→	走って
飲みます → 飲|み|~~ます~~	+|んで|	→	飲んで
遊びます → 遊|び|~~ます~~			→	遊んで
聞きます → 聞|き|~~ます~~	+|いて|	→	聞いて
泳ぎます → 泳|ぎ|~~ます~~	+|いで|	→	泳いで
話します → 話|し|~~ます~~	+|して|	→	話して
行きます → 行|き|~~ます~~	+|って|	→	行って ※

> ※ …「行|き|ます」は「行いて」ではなく「行|って|」になります。

2グループ

食べます → 食べ~~ます~~ +て → 食べて
ねます → ね~~ます~~ +て → ねて
起きます → 起き~~ます~~ +て → 起きて

3グループ

来ます → 来て	します →	して

③ 動詞の「た形」 ＊「て形」と同じように変化します。

1グループ

あらいます → あら い ~~ます~~		→ あらった
立ちます → 立 ち ~~ます~~	＋ った	→ 立った
走ります → 走 り ~~ます~~		→ 走った
飲みます → 飲 み ~~ます~~	＋ んだ	→ 飲んだ
遊びます → 遊 び ~~ます~~		→ 遊んだ
聞きます → 聞 き ~~ます~~	＋ いた	→ 聞いた
泳ぎます → 泳 ぎ ~~ます~~	＋ いだ	→ 泳いだ
話します → 話 し ~~ます~~	＋ した	→ 話した
行きます → 行 き ~~ます~~	＋ った	→ 行った ※

> ※ …「行 き ます」は「行いた」ではなく「行 った」になります。

5合目

2グループ

食べます → 食べ~~ます~~	＋た	→ 食べた
ねます → ね~~ます~~	＋た	→ ねた
起きます → 起き~~ます~~	＋た	→ 起きた

3グループ

来ます → 来た	します → した

④ 動詞の「ない形」

1グループ

立ちます	→ 立ち~~ます~~	+ない	→ 立たない	（ chi → ta ）
遊びます	→ 遊び~~ます~~	+ない	→ 遊ばない	（ bi → ba ）
あらいます	→ あらい~~ます~~	+ない	→ あらわない	（ i → wa ）
買います	→ 買い~~ます~~	+ない	→ 買わない	（ i → wa ）

＊「ます」の前の母音が「i → a」になります。
　「ます」の前が「い」の場合は「わ」になります。

2グループ

食べます	→ 食べ~~ます~~	+ない	→ 食べない
起きます	→ 起き~~ます~~	+ない	→ 起きない

3グループ

来ます → 来ない	します → しない

⑤ 動詞の「じしょ形」

1グループ

立<small>た</small>ちます	→	立<small>た</small>ち<u>ます</u>	→	立<small>た</small>つ	(chi → tsu)
遊<small>あそ</small>びます	→	遊<small>あそ</small>び<u>ます</u>	→	遊<small>あそ</small>ぶ	(bi → bu)
あらいます	→	あらい<u>ます</u>	→	あらう	(i → u)

＊「ます」の前の母音が「i → u」になります。

2グループ

食<small>た</small>べます	→	食<small>た</small>べ<s>ます</s>	＋る	→	食<small>た</small>べる
起<small>お</small>きます	→	起<small>お</small>き<s>ます</s>	＋る	→	起<small>お</small>きる

3グループ

来<small>き</small>ます	→	来<small>く</small>る	します	→	する

5合目

先生方へ

　日本語の動詞は活用し、その活用の仕方にはルールがあります。低年齢の子どもは、自然に覚えて言えるようになることが多いです。しかし、ある程度構造的に言語を捉えられる年齢になった子どもは、このようなルールを覚えた方が学びやすい場合もあります。日本の国語教育で学ぶ国文法とはアプローチが異なりますが、日本語学習者はこのようにして活用を学びます。

⑥ ことばの形

ていねい形とふつう形

	ていねい形	ふつう形
動詞	飲みます	飲む
	飲みません	飲まない
	飲みました	飲んだ
	飲みませんでした	飲まなかった
	あります	ある
	ありません	ない
	ありました	あった
	ありませんでした	なかった
い形容詞 （形容詞）	楽しいです	楽しい
	楽しくないです	楽しくない
	楽しかったです	楽しかった
	楽しくなかったです	楽しくなかった
な形容詞 （形容動詞）	しずかです	しずかだ
	しずかじゃ（では）ありません	しずかじゃ（では）ない
	しずかでした	しずかだった
	しずかじゃ（では） ありませんでした	しずかじゃ（では）なかった

	ていねい形（けい）	ふつう形（けい）
名詞（めいし）	雪（ゆき）です	雪（ゆき）だ
	雪（ゆき）じゃ（では）ありません	雪（ゆき）じゃ（では）ない
	雪（ゆき）でした	雪（ゆき）だった
	雪（ゆき）じゃ（では）ありませんでした	雪（ゆき）じゃ（では）なかった

先生方へ

　日本語教育では「です・ます」を「丁寧形」、「食べる、寒い」など言い切りの形で終わる形を「普通形」といいます。丁寧形で終わる文を「丁寧体」と呼び、普通形で終わる文を「普通体」といいます。

　「食べますことができる」ではなく「食べることができる」、「本を読んでいます人」ではなく「本を読んでいる人」と使えるようになるためには、こうした形の違いを学ばなければなりません。そのために形を整理する必要があります。

7 か 文の形を くらべよう

普通体と丁寧体

ヒマワリのかんさつ

ヒマワリは、植物です。

ヒマワリの花は、黄色くて大きいです。

葉も、とても大きいです。自分の顔より 大きい葉もあります。

くきは、太くてかたいです。細かい毛が生えています。

根には、太い根や、細い根がついています。

花		黄色くて大きい。
葉		とても大きい。 自分の顔より 大きい葉もある。
くき		太くてかたい。 細かい毛が 生えている。
根		太い根や、細い根がついている。

この課のねらい Can Do
文体の違いがわかり、適切に使うことができる。

ヒマワリの世話<ruby>せ<rt>せ</rt></ruby>のしかた

　ヒマワリは、寒<ruby>さむ<rt>さむ</rt></ruby>さに弱<ruby>よわ<rt>よわ</rt></ruby>いです。ですから、冬<ruby>ふゆ<rt>ふゆ</rt></ruby>には たねをまきません。春<ruby>はる<rt>はる</rt></ruby>に まきます。たねまきの前<ruby>まえ<rt>まえ</rt></ruby>に、畑<ruby>はたけ<rt>はたけ</rt></ruby>の土<ruby>つち<rt>つち</rt></ruby>を よくたがやします。

　めが出<ruby>で<rt>で</rt></ruby>ます。それから、水<ruby>みず<rt>みず</rt></ruby>をたくさんやります。

　花<ruby>はな<rt>はな</rt></ruby>がさいて、たねができます。たねは重<ruby>おも<rt>おも</rt></ruby>いですから、しちゅうでささえます。

ヒマワリの世話<ruby>せ<rt>せ</rt></ruby>のしかた

　ヒマワリは、寒<ruby>さむ<rt>さむ</rt></ruby>さに弱<ruby>よわ<rt>よわ</rt></ruby>い。だから、冬<ruby>ふゆ<rt>ふゆ</rt></ruby>には たねをまかない。春<ruby>はる<rt>はる</rt></ruby>にまく。たねまきの前<ruby>まえ<rt>まえ</rt></ruby>に、畑<ruby>はたけ<rt>はたけ</rt></ruby>の土<ruby>つち<rt>つち</rt></ruby>を よくたがやす。

　めが出<ruby>で<rt>で</rt></ruby>る。それから、水<ruby>みず<rt>みず</rt></ruby>をたくさんやる。

　花<ruby>はな<rt>はな</rt></ruby>がさいて、たねができる。たねは重<ruby>おも<rt>おも</rt></ruby>いから、しちゅうでささえる。

先生方へ
　この課では、さまざまな読み物を通して、文体の違いを体感させてみてください。5合目6課（P.204）に"活用形"の表がありますのでご活用ください。

「理科のふりかえり」　　7月20日　月曜日

　今日の　2時間目は、理科のじゅぎょうでした。「じしゃく」について勉強しました。

　わたしたちは、身の回りにあるもので じっけんをしました。

　じしゃくは、鉄につきます。スチールかんとアルミかんに じしゃくを近づけました。すると、スチールかんはじしゃくにつきましたが、アルミかんはつきませんでした。アルミかんは、鉄ではありませんでした。わたしは、知りませんでした。

　じっけんは、楽しかったです。またやりたいです。

「理科のふりかえり」　　7月20日　月曜日

　今日の2時間目は、理科のじゅぎょうだった。「じしゃく」について勉強した。

　わたしたちは、身の回りにあるもので じっけんをした。

　じしゃくは、鉄につく。スチールかんとアルミかんに じしゃくを近づけた。すると、スチールかんはじしゃくについたが、アルミかんはつかなかった。アルミかんは、鉄ではなかった。わたしは、知らなかった。

　じっけんは、楽しかった。またやりたい。

214

災害の話

　地しん、大雨、こう水、台風などを　自然さいがいといいます。自然さいがいは、いつおこりますか？ それは、だれにもわかりません。

　地しんの時、どうしますか？ まず、しゃがんで　頭を守ります。

　教室では、あわてず、先生の話を　よく聞きます。つくえの下に　もぐります。トイレでは、ドアを少し開けます。あ！ ドアが　開きません！ どうしますか？ あわてません。落ち着いてください。ドアを　たたいて　音を出します。それから、大声で助けをよびます。ろうかや階だんでは、近くの教室に入って、そして、つくえの下に　もぐります。

　外では、どうしますか？ 自転車から　すぐにおります。屋根のかわらや　かん板が　落ちてきますから、かばんで　頭を守ります。へいや自動はんばいきは　たおれてきますから、すぐに　はなれます。電柱や電線も　あぶないですから、さわりません。それから、広い所に集まって　しゃがんで待ちます。川や海では、すぐに　そこからはなれて、高い所へ　ひなんします。

　台風や大雨の時は、どうしますか？ 天気よほうや　ニュースを　聞きます。川など　外の様子を　見に行ってはいけません。ひなんする時の持ち物を　じゅんびします。

　どこへ　ひなんしますか？ ひなん場所は、近くの学校や公民館などです。家族と話し合いましょう。どんな時も、自分で、自分の命を守ってください。

5
合
目

	しゅるい
	地しん、大雨、こう水、台風など
	いつ
	わからない
	地しんの時
教室	つくえの下に もぐる。
トイレ	ドアを開ける。 ドアをたたく。 大声で助けを よぶ。
ろうかや階だん	近くの教室に 入る。 つくえの下に もぐる。
外	自転車をおりる。 かばんで 頭を守る。 たおれてくるものから はなれる。 あぶないものを さわらない。 広い所で しゃがんで待つ。
川や海	高い所へ ひなんする。
	今、できること
①	ひなんくん練をする。
②	ひなん所を知る。
③	家族で話し合う。
④	ひなんする時の持ち物を じゅんびする。

ことば

かわら 　かん板^{ばん} 　へい 　自動はんばいき^{じ どう} 　電柱^{でんちゅう}　電線^{でんせん}

公民館^{こうみんかん}　＝　近^{ちか}くの人^{ひと}が 集^{あつ}まるたてもの

しゃがみます 　守^{まも}ります 　もぐります 　はなれます 　ひなんします

どんな時^{とき}も　＝　いつでも

命^{いのち}　…　生^いきていることを「命^{いのち}が ある」と 言^いいます。

あわてます　⇔　落^おち着^つきます

ひょうげん

助^{たす}けをよびます。

なかまのことば

自然^{し ぜん}さいがい

＝　地^じしん、大雨^{おおあめ}、こう水^{ずい}、台風^{たいふう}　など

お兄さんは どの人？

連体修飾文

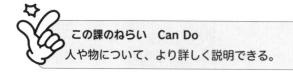

- まどの近くで話している 人
- お兄さんは、そのとなりの ボールを持っている 人 です。
- きのう借りた じしょ
- めいさんは、先週の土曜日、うちでいっしょに遊んだ 子 です。

☆
この課のねらい　Can Do
人や物について、より詳しく説明できる。

218

はるかさんは、きのう、お兄さんにじしょをかりました。はるかさんは、これからお兄さんにじしょを返します。お兄さんは6年生です。はるかさんとめいさんは、6年生の教室へ行きます。

めい　　　　「はるかちゃんのお兄さんは、どの人？」

はるか　　　「まどの近くで話している人だよ。」

めい　　　　「せが高い人？」

はるか　　　「ううん。せが高い人は、お兄ちゃんの友だち。**お兄ちゃんは、そのとなりのボールを持っている人だよ。** ちょっと、待っててね。」

はるかさんは、教室の中に入って、お兄さんのところへ行きました。

はるか　　　「**お兄ちゃん、きのう 借りたじしょ。** ありがとう。」

お兄さん　　「うん。あのかみが長い子は、だれ？」

はるか　　　「同じクラスのめいちゃんだよ。**先週の土曜日、うちでいっしょに遊んだ子だよ。** わすれたの？」

お兄さん　　「あっ！ 思い出した。まん画を読んで わらっていた子だね。」

先生方へ

　連体修飾文、いわゆる複文は、節の中に主述や修飾被修飾の関係が入るなど、複雑な文構造となっています。英語の関係代名詞、分詞を勉強した時のことを思い出してみてください。どの言葉がどこにかかってくるか理解するのに苦労した経験があるという方も多いでしょう。文の構造が理解できないと、文の意味を正確に捉えることができず、文章全体を理解することも困難になります。

　連体修飾文の理解運用は、教科学習の理解に大きく関わります。文の作りに着目し、意識的に学習することが必要です。

＊「web版もういっぽ⑭」のように、絵をかくことで理解の確認ができます。

ことば

じしょ　　思い出します

ひょうげん

ちょっと　まっててね。（少し まっていてください。）

💬 **いいましょう**

1 絵を見て言いましょう。

１．３かの音楽会の絵（P.186）を見て言いましょう。

> れい）　Ａさん　「あゆみさんは、どの人ですか。」
>
> 　　　　Ｂさん　「あゆみさんは、ピアノをひいている人です。」

① めいさん　② しおりさん　③ カイさん

④ さきさん　⑤ 松本先生

２．３かの公園の絵（P.189）を見て言いましょう。

> れい）　ボールを投げている人は、たなかさんです。

① こばやしさん　② ももせさん　③ かみじょうさん

④ もちづきさん　⑤ さいとうさん

３．二つの文を 一つの文にしましょう。

> れい）　これは、本です。＋　きのう図書館で借りました。
>
> 　→　これは、（きのう図書館で借りた）本です。

① これは、おかしです。　＋　お母さんがスーパーで買いました。

② この子は、友だちです。　＋　ブラジルから来ました。

③ ここは、教室です。　＋　１年生の時、勉強しました。

④ これは、写真です。　＋　きょ年、家族でとりました。

⑤ それは、手紙です。　＋　きのう、書きました。

[2] ことばをならべて　正しい文にしましょう。

１．まん画 / です / きのう / で / これは / 買った / 本屋 /。

２．「ゆうきさんは　どの人ですか。」

　　「人 / を / つくえ / です / ふいている /。」

３．（ろうか / は / 人 / ないている / で）は めいさんです。

４．（が / ピザ / お兄さん / 食べている）を わたしも 食べたいです。

💬 はなしましょう

自分の持ち物や身の回りの物について、詳しく説明しましょう。指導者は、子ども
の発話を引き出す工夫をしましょう。

例　Aさん「今日、ぼくが卵焼きを作ったよ。」
　　Bさん「自分で作った卵焼きはどう？」
　　Aさん「うん。おいしい。」

　　Aさん「かわいいハンカチだね。」
　　Bさん「うん、フィリピンのおばあちゃんにもらったハンカチだよ。
　　　　　大事にしているの。」

かきましょう

はなしましょう で話したことを 書きましょう。

> れい） これは、フィリピンのおばあちゃんにもらったハンカチです。わたしのたからものです。

よみましょう

1

　今日は、じゅ業さんかんです。お母さんやお父さんが、学校に来ます。カイさんのお母さんは、カイさんの友だちの名前や顔を知りません。カイさんは、お母さんに 友だちの名前を教えます。

　カイ　　「お母さん、きのう遊んだ友だちは、あの子だよ。」

　カイ母　「青いズボンをはいている子？」

　カイ　　「ううん、みどりのズボンを はいている子だよ。ゆうきさんだよ。青いズボンをはいている子も 友だちだよ。こうたろうさん。」

　カイ母　「ほかによく遊ぶ友だちは、だれ？」

　カイ　　「サムさんだよ。サムさんは、黒ばんの前に立っている子だよ。」

2

めいさんのクラス（男子14人、女子16人、合計30人）で アンケートを とりました。アンケートのけっかを まとめました。

1. 毎日、朝ごはんを食べる人は、何人ですか。

2. 毎日、夜10時までにねる人は、27人です。夜10時までにねない人は、何人ですか。

3. 上のきょうだい（兄や姉）がいる人は、10人です。下のきょうだい（弟や妹）がいる人は、11人です。どちらもいる人は、4人です。きょうだいがいる人は、ぜんぶで何人ですか。

① ぼうグラフ（たて）

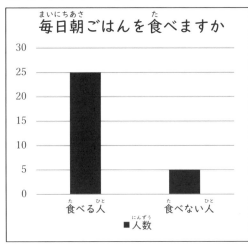

② ぼうグラフ（よこ）

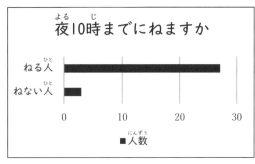

③ 円グラフ

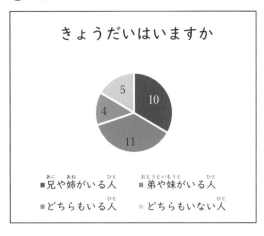

9 か わたしの 家族

可能形

 おぼえましょう

この課のねらい　Can Do
できること、できないことについて説明できる。

・姉は、ダンスができます。

・姉は、ポルトガル語と 日本語と英語を話すことができます。

　　　　　　話します → 話す ＋ できます → 話す こと が できます

・父は、中国語と日本語が話せます。

〈1グループ〉　・話します → 話せます、歌います → 歌えます
　　　　　　　　（話す → 話せる、歌う → 歌える）

〈2グループ〉　・食べ ます → 食べられます
　　　　　　　　　られ　　（食べる → 食べられる）

〈3グループ〉　・します → できます （する → できる）
　　　　　　　　・来ます → 来られます （来る → 来られる）

国語のじゅ業で、家族について作文を書きました。

私の姉（きくち イザベラ あゆみ）

私の姉は19才で、ブラジルの大学に通っています。大学で、英語を勉強しています。**姉は、ポルトガル語と日本語と英語を話すことができます。**

ダンスもできます。 ヒップホップダンスがとくいで、とてもじょうずです。ダンスのコンクールで、ゆう勝しました。

姉は、夏休みに日本へ帰ってきます。私は、姉といっしょにすごす時間が好きです。姉は車の運転ができるので、車で海や山へ行くことができます。今からとても楽しみです。

ぼくの父（リ カイ）

父は、ぼうえきの会社で働いている。中国で作った工業せい品を日本へゆにゅうする仕事だ。毎日、夜おそくまで、いっしょうけんめい働いている。**父は、日本語と中国語が話せる**ので、たまに中国へ出ちょうする。ぼくは、少しさびしい。

父のしゅみは、料理だ。ぎょうざやマーボードウフなど、中国の料理が作れる。ぼくの家族は、おいしい料理がいつも食べられる。それから、休みの日はいっしょに遊べる。ぼくは、父とすごす時間が好きだ。

先生方へ

　この課では「可能表現」を学習します。可能表現の形には「動詞の辞書形（例：食べる）＋ことができる（例：食べることができる）」と「可能形（例：食べられる）」がありますが、意味・用法はほぼ同じです。また、可能の意味は、「能力」と「状況」の大きく二つに分けられます。本文では、「日本語と中国語が話せる」は「能力」、「おいしい料理が食べられる」は「状況」です。

通<ruby>通<rt>かよ</rt></ruby>います	<ruby>月<rt>げつ</rt></ruby><ruby>曜<rt>よう</rt></ruby><ruby>日<rt>び</rt></ruby>から<ruby>金<rt>きん</rt></ruby><ruby>曜<rt>よう</rt></ruby><ruby>日<rt>び</rt></ruby>まで、<ruby>学<rt>がっ</rt></ruby><ruby>校<rt>こう</rt></ruby>に<ruby>通<rt>かよ</rt></ruby>います。
ゆう<ruby>勝<rt>しょう</rt></ruby>します	ダンスの<ruby>大<rt>たい</rt></ruby><ruby>会<rt>かい</rt></ruby>でゆう<ruby>勝<rt>しょう</rt></ruby>しました。＝１<ruby>番<rt>ばん</rt></ruby>でした。
すごします	<ruby>一<rt>いち</rt></ruby><ruby>日<rt>にち</rt></ruby>、<ruby>家<rt>いえ</rt></ruby>ですごします。＝ <ruby>一<rt>いち</rt></ruby><ruby>日<rt>にち</rt></ruby><ruby>中<rt>じゅう</rt></ruby>、<ruby>家<rt>いえ</rt></ruby>にいます。
<ruby>出<rt>しゅっ</rt></ruby>ちょうします	<ruby>仕<rt>し</rt></ruby><ruby>事<rt>ごと</rt></ruby>で<ruby>東<rt>とう</rt></ruby><ruby>京<rt>きょう</rt></ruby>へ<ruby>出<rt>しゅっ</rt></ruby>ちょうします。

ダンス（ヒップホップダンス）　　　　　<ruby>運<rt>うん</rt></ruby><ruby>転<rt>てん</rt></ruby>

ぼうえき　…　<ruby>日<rt>に</rt></ruby><ruby>本<rt>ほん</rt></ruby>のせい<ruby>品<rt>ひん</rt></ruby>を<ruby>外<rt>がい</rt></ruby><ruby>国<rt>こく</rt></ruby>に<ruby>売<rt>う</rt></ruby>ります。<ruby>外<rt>がい</rt></ruby><ruby>国<rt>こく</rt></ruby>のせい<ruby>品<rt>ひん</rt></ruby>を<ruby>日<rt>に</rt></ruby><ruby>本<rt>ほん</rt></ruby>が<ruby>買<rt>か</rt></ruby>います。

<ruby>工<rt>こう</rt></ruby><ruby>業<rt>ぎょう</rt></ruby>せい<ruby>品<rt>ひん</rt></ruby>　…　<ruby>工<rt>こう</rt></ruby><ruby>場<rt>じょう</rt></ruby>で<ruby>作<rt>つく</rt></ruby>ったもの。テレビやコンピュータ、<ruby>車<rt>くるま</rt></ruby>　など

ぎょうざ　　　　　　ゆにゅう　⇔　ゆしゅつ　　　　　マーボードウフ

わたしは、ピアノ を　ひくことができます。

＝　わたしは、ピアノ が ひけます。

わたしは、<ruby>中<rt>ちゅう</rt></ruby><ruby>国<rt>ごく</rt></ruby><ruby>語<rt>ご</rt></ruby>が<ruby>話<rt>はな</rt></ruby>せます。…　<ruby>話<rt>はな</rt></ruby>すことができます。

<ruby>今<rt>いま</rt></ruby>、しょくいん<ruby>室<rt>しつ</rt></ruby>に<ruby>入<rt>はい</rt></ruby>れます。…　<ruby>入<rt>はい</rt></ruby>ってもいいです。

1 れいのように言^いいましょう。

1.
┌───┐
│ れい）話_{はな}します → 話_{はな}すことができます / 話_{はな}せます │
└───┘

① 歌_{うた}います　② 泳_{およ}ぎます　③ 飲_のみます

④ 投_なげます　⑤ おぼえます　⑥ します

2.
┌───┐
│ れい）なっとうを食_たべます。 │
│ 　　　→ なっとうを食_たべることができます。 │
│ 　　　→ なっとうが食_たべられます。 │
└───┘

① ポルトガル語_ごの本_{ほん}を読_よみます。

② はやく走_{はし}ります。　③ 6時_じにおきます。

2 しつもんに答_{こた}えましょう。

┌───┐
│ れい）校歌_{こうか}が歌_{うた}えますか。 │
│ 　　　→ はい、歌_{うた}えます。/ いいえ、歌_{うた}えません。 │
└───┘

① 牛_{ぎゅう}にゅうが飲_のめますか。　② リコーダーがふけますか。

③ カタカナが書_かけますか。　④ おりがみでつるが作_{つく}れますか。

3 ことばをならべて正_{ただ}しい文_{ぶん}にしましょう。

1. が / さきさん / ピアノ / できます / は / ひくことが / を /。

2. わたし / 読_よめます / が / は / 中国語_{ちゅうごくご} /。

3. 英語_{えいご} / は / 歌_{うた}うこと / で / できません / わたし / が /。

🗨 はなしましょう

写真を見て、自分や家族のことを話しましょう。

例　Aさん　「この子、かわいいですね。弟さんですか。」

　　Bさん　「はい、そうです。名前はりゅうのすけです。保育園児です。」

　　Aさん　「りゅうのすけくんは、ひらがなが読めますか。」

　　Bさん　「いいえ、まだ読めません。これから勉強します。」

📖 よみましょう

なぞなぞです。答えは何ですか。

① 何でも、すぐに調べることができます。友だちと話すこともできますし、写真をとることもできます。

② 田んぼの中に立っています。鳥を追いはらうことができます。でも、歩くことができません。

③ とても軽くて空をとべますが、外国には行けません。人を乗せることもできません。

④ ごみをたくさん食べられますが、水は飲めません。いつも、うちの中で動いています。

228

 **かきましょう**

あなたは、日本語で何ができますか。何ができませんか。
書きましょう。

> れい）　わたしは、毎日、日本語を勉強しています。少し、日本
> 　　　語が話せます。
> 　　　　かんたんなお話を読むことができます。でも、かん字があ
> 　　　まり書けません。だから、かん字を500こ、おぼえたいです。

水の へん化

～《する》と、～《く》・《に》なります

（低学年向け）

①

②

③

④

おぼえましょう

・水を火にかけると、あたたかくなります。

・水をひやすと、こおりになります。

この課のねらい　Can Do
「Aをすると、B」という
恒常的に物事が成り立つ関
係（自然現象、習慣など）
がわかり、理科の実験など
の教科学習に参加できる。

水を火にかけます　＋　あたたかくなります。
→　水を火にかける と 、あたたかくなります。

あたたか い　＋　なります
↓
あたたか く　＋　なります　＝　あたたかくなります

つめたい水をやかんに入れて、火にかけます。水はどうなりますか。

カイ 「これから火をつけるよ。どうなるかな。」

サム 「**水を火にかけると、あたたかくなるね。**」

先生 「あたたかい水を『お湯』といいますよ。さあ、もっと温めますよ。」

サム 「あっ、やかんの口から、白いものが出ているよ。けむりかな。」

先生 「それは、けむりではありません。『湯気』といいます。お湯があつくなると、湯気になります。**水は、ひやすとこおりになります。**」

ことば

やかん　湯気　水じょう気　お湯　けむり　こおり

（火に）かけます　　（火を）つけます

（水を）温めます　⇔　（水を）ひやします

ひょうげん

〜に なります　　水をひやします。→こおり / こおりに なります。

〜く なります　　水を火にかけます。

→あたたかい / あたたか く なります。

（高学年向け）

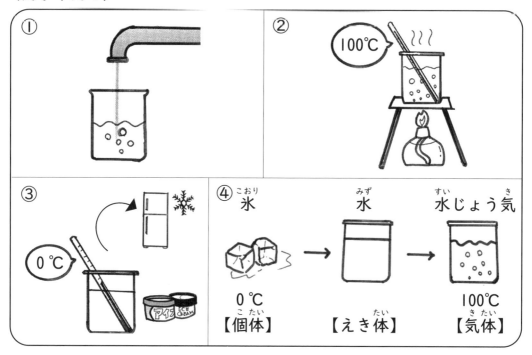

　おぼえましょう

・水を熱すると、熱くなります。お湯になります。

・水は100度になると、水じょう気になります。

　つまり「気体」になります。

水を熱します　＋　熱くなります。
→　水を熱すると、熱くなります。

先生方へ

　前件を条件として後件が起こるという関係の複文を「条件文」といいます。この課では「～と、～。」を扱います。この課以降に出てくる「～たら、～。」「～なら、～。」「～ば、～。」はいずれも条件文ですが、それぞれ意味・用法が共通する部分とそうでない部分があり、日本語を学ぶ上で混乱しやすい項目です。指導者はその違いを事前に知っておくことが大切です。

＊学習の順番としては「10課→ web 版もういっぽ⑮→11課→ web 版もういっぽ⑯」をお勧めします。

ビーカーに水を入れます。その中に温度計をセットして、水を温めます。**水を熱すると、熱くなります。お湯になります。**

めい　　「お湯が熱くなった！白いものが出ているよ。けむりかな。」

あゆみ　「ちがう。それは湯気だよ。」

先生　　**「水は100度になると、水じょう気になりますね。水じょう気は、「気体」です。つまり、水は100度になると、気体になります。水じょう気は、見えません。**でも、上に上がると、白く見えます。それが湯気です。」

めい　　「先生、水はひやすと、こおりになるよ。」

先生　　「水は0度になると、こおりになります。こおりは、「固体」です。つまり、水は0度になると、「固体」になります。水は、温度によって形が変わりますね。」

5合目

ことば

やかん　湯気　水じょう気　お湯　けむり　こおり
温度計　固体　（液体）　気体
（水を）温めます ⇔ （水を）ひやします
（ビーカーに温度計を）セットします

> ※P.231に絵があります。

> ※左のページの絵を見てください。

ひょうげん

〜⓲になります　水をあたためます。→　お湯 / お湯⓲なります。
〜⓴なります　水を熱します。→　熱い / 熱⓴なります。

つまり	Aさんは、Bさんのお父さんのお父さんです。
	つまり、AさんはBさんのおじいさんです。

Aさん　　Bさん

～によって	A小学校では、シャープペンシルを持ってきてもいいです。
	B小学校では、だめです。
	→　学校によって、ルールがちがいます。

💬 いいましょう

1 れいのように言いましょう。

１．
> れい）　冬になります。＋　寒くなります。
> 　　　→　冬になると、寒くなります。

　①　夏になります。＋　暑くなります。
　②　風船の空気を入れます。＋　大きくなります。
　③　風船の空気を出します。＋　小さくなります。
　④　このボタンをおします。＋　水が出ます。

２．
> れい）　春になります。→　春になると、さくらがさきます。

　①　赤と白をまぜます。→　？
　②　夜になります。→　？
　③　野菜を食べません。→　？

2 ことばをならべて正しい文にしましょう。

１．へや / そうじすると / きれいになります / が /。
２．読めます / 本 / が / 漢字 / を / おぼえると /。
３．何時間も / を / スマホ / が / 悪くなります / 見ると / 目 /。

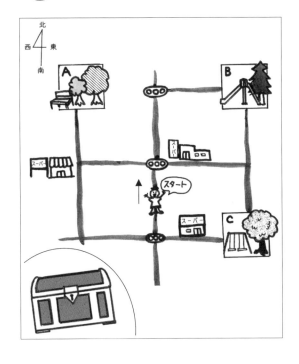

たからさがし

　公園A、B、Cのどこかに、たからがあります。これから、たからさがしをします。

　一つ目のしんごうを右に曲がると、スーパーがあります。その前を東に進むと、つきあたります。そこを左に曲がって北に進むと、公園があります。公園の木の下を10cmほると、箱があります。たからは、公園A、B、Cのどこにあるでしょう。

![writing icon] **かきましょう**

公園Aから公園Bまでの道のりをせつ明しましょう。

大人に なったら

〜たら、〜たいです

 おぼえましょう

ほいくしに なったら、何を したいですか。

ほいくしに なります ＋ 何を したいですか。

→ ほいくしに なったら、何を したいですか。

 この課のねらい　Can Do
自分の したいことや 将来の 夢のために
具体的な 目標を 立てることが できる。

 先生方へ
　なりたい自分を 思い描き、そ
の自分に 近づくためには どうす
れば よいのかを 考える きっかけ
を 作りましょう。

しょく業のじゅ業の続きです。前回（＊3合目9か P.128）では、いろいろなしょく業を知りました。

　子どもたちには、しょう来なりたいしょく業や、やりたいことがいろいろありましたね。

先生　　「はるかさんは、ほいくしになったら何をしたいですか。」

はるか　「わたしがほいくしになったら、自分で歌を作曲して、子どもたちと歌いたいです。」

先生　　「あゆみさんは、パティシエになったら、どんなケーキを作りたいですか。」

あゆみ　「長野のりんごを使ったケーキを作りたいです。わたしがパティシエになったら、ゆうきさんの家のりんごを使いたいです。先生、パティシエになるためには、どうしたらいいですか。」

先生　　「そうですね。パティシエになるためのせん門学校がありますよ。」

あゆみ　「じゃあ、わたしは、高校をそつ業したら、パティシエの学校へ行きたいです。そのために、中学校へ行ったら、もっと勉強をがんばります。」

ゆうき　「ぼくは、高校をそつ業したら、大学へ行きたいです。大学に入ったら、農業の勉強をしたいです。」

サム　　「ぼくも勉強して、高校へ行きたいです。高校生になったら、英語をたくさん勉強して、しょう来外国へ行ってみたいです。」

カイ　　「ぼくが大人になって社長になったら、世界旅行をしたいです。もし、もっとお金があったら、宇宙旅行もしてみたいです。」

5合目

ことば

中学校（ちゅうがっこう）　高校（こうこう）　せん門学校（もんがっこう）　大学（だいがく）　世界（せかい）　うちゅう

農業（のうぎょう）　そつ業します（ぎょう）　作曲します（さっきょく）

ひょうげん

〜ために　　外国（がいこく）へ行（い）くために、英語（えいご）を勉強（べんきょう）します。

〜ための　　新（あたら）しい自転車（じてんしゃ）を買（か）うためのお金（かね）がほしいです。

もし〜たら、　もしお金（かね）がたくさんあったら、うちゅうへ行（い）きたい

です。

〜てみます。　服（ふく）を買（か）う前（まえ）に着（き）てみます。

はじめて作（つく）ったカレーです。食（た）べてみてください。

なかまのことば

小学生（児童）（しょうがくせい　じどう）　中学生（生徒）（ちゅうがくせい　せいと）　高校生（生徒）（こうこうせい　せいと）　大学生（学生）（だいがくせい　がくせい）　社会人（しゃかいじん）

🗨 いいましょう

1 れいのように言（い）いましょう。

1.
> れい）　3時（じ）になります。それから、おやつを食（た）べましょう。
> → 　3時（じ）になったら、おやつを食（た）べましょう。

① 名前（なまえ）をよびます。それから、「はい」と返事（へんじ）をしてください。

② 宿題（しゅくだい）が終（お）わります。それから、ゲームをしたいです。

③ そうじが終（お）わります。それから、帰（かえ）ってもいいですよ。

④ 春（はる）になります。それから、さくらを見（み）に行（い）きましょう。

2.
> れい）　あした雨<ruby>雨<rt>あめ</rt></ruby>がふります。運動会<ruby>運動会<rt>うんどうかい</rt></ruby>はありません。
>
> →　あした雨<ruby>雨<rt>あめ</rt></ruby>がふったら、運動会<ruby>運動会<rt>うんどうかい</rt></ruby>はありません。

① 家<ruby>家<rt>いえ</rt></ruby>へ帰<ruby>帰<rt>かえ</rt></ruby>ります。手<ruby>手<rt>て</rt></ruby>をあらいましょう。

② 雪<ruby>雪<rt>ゆき</rt></ruby>がふります。雪<ruby>雪<rt>ゆき</rt></ruby>だるまを作<ruby>作<rt>つく</rt></ruby>りましょう。

③ 宿題<ruby>宿題<rt>しゅくだい</rt></ruby>がわかりません。先生<ruby>先生<rt>せんせい</rt></ruby>に聞<ruby>聞<rt>き</rt></ruby>いてください。

④ 地<ruby>地<rt>じ</rt></ruby>しんがおきます。コンロの火<ruby>火<rt>ひ</rt></ruby>を消<ruby>消<rt>け</rt></ruby>してください。

2 ことばをならべて正<ruby>正<rt>ただ</rt></ruby>しい文<ruby>文<rt>ぶん</rt></ruby>にしましょう。

１. したら / 小学校<ruby>小学校<rt>しょうがっこう</rt></ruby> / を / なります / そつ業<ruby>業<rt>ぎょう</rt></ruby> / 中学生<ruby>中学生<rt>ちゅうがくせい</rt></ruby> / に / 。

２. が /20才<ruby>才<rt>はたち</rt></ruby> / 飲<ruby>飲<rt>の</rt></ruby>めます / に / お酒<ruby>酒<rt>さけ</rt></ruby> / なったら / 。

３. の / 大人<ruby>大人<rt>おとな</rt></ruby> / に / です / なったら / 車<ruby>車<rt>くるま</rt></ruby> / したい / 運転<ruby>運転<rt>うんてん</rt></ruby> / を / 。

４. たくさん / お金<ruby>金<rt>かね</rt></ruby> / が / 何<ruby>何<rt>なに</rt></ruby> / です / が / ほしい / あったら / か / 。

🗨️ **はなしましょう**

　もし、こんなことができたら…！？　想像して話してみましょう。

例　Aさん「もし夏休みが３か月あったら、何をしたいですか。」

　　Bさん「自転車で日本一周をしたいです。」

　　Cさん「中国へ行って中国語を勉強したいです。」

　　「もし100万円もらえたら、何を買いたいですか。」

　　「もしタイムマシーンがあったら、過去と未来と、どちらに行きたいですか。」

　　「もし空が飛べたら、どこへ行きたいですか。」

「あゆみちゃん、明日何時に遊ぶ?」

「10時だったら、いいよ。はるかちゃん、

　おくれないでね。」

　はるかさんとあゆみさんは、土曜日の10時に、公園で遊ぶやくそく

をしました。ところが、あゆみさんはやくそくをわすれてしまいまし

た。夕方、やくそくを思い出しました。

　月曜日の朝、あゆみさんは、学校で はるかさんに会いました。

「はるかちゃん、土曜日はごめんね。」

「あゆみちゃんなんか、きらい!　もう友だちじゃない!」

　あゆみさんは、はるかさんにあやまりましたが、はるかさんはずっ

と、おこっていました。

　その日の夜、あゆみさんは、はるかさんに手紙を書きました。

はるかちゃんへ

　土曜日、やくそくをやぶってごめんなさい。お母さんが具合が悪

かったから、弟の世話をしていたの。それで、やくそくをわすれ

てしまいました。本当にごめんなさい。　　　　　　あゆみより

はるかさんは、あゆみさんに返事を書きました。

あゆみちゃんへ

　わたしも、「きらい。」とか「友だちじゃない。」と言って、ごめ

んなさい。

　公園で一人で待っていたら、とてもさみしかったよ。はるかより

二人は、手紙でなかなおりをすることができました。

もし、自分があゆみさんだったら、どうしますか。

はるかさんだったら、どうしますか。

わたし（ぼく）が、もし、あゆみさんだったら……

わたし（ぼく）が、もし、はるかさんだったら……

✎ かきましょう

大人になったら、何をしたいですか。また、そのために何をしますか。

12 か 自然さいがい
しぜん

自動詞・他動詞

この課のねらい　Can Do
自分や他人の行動や、目の前の事象を言葉で正しく伝えることができる。

先生方へ

　　目的語を伴わない動詞を自動詞といいます。この課では人の働きかけによらない自然発生的な行為を表す自動詞を中心に集めました。対になる他動詞（目的語を伴う動詞）がある場合は、一緒に覚えましょう。

　　日本語を自然習得する場合なら、自動詞か他動詞かは無意識に使い分けることができますが、そうでない場合は、その使い分けが大変難しいです。

　　例）火が消える（自動詞）/ 火を消す（他動詞）

　　この課であげているのはほんの一例です。言語によっては、自他動詞で形の区別がないものもあります。すぐに身に付くものではないので、折に触れて確認しましょう。

＊自他動詞に関連して、「web版もういっぽ⑰」では、日常よく使われるものの、日本語学習者には使い分けが難しい表現を取り上げました。場面理解を丁寧にしながら読んでください。

きのう、日本に大きい台風が来ました。めいさんは、家族とテレビでニュースを見ています。

「さくじつ、大がたの台風3号は、日本列島をじゅうだんしました。町の様子です。木や電柱がたおれています。町の電気が消えています。道路がこわれています。山から、大きい岩が落ちました。水道かんがこわれましたので、水が出ません。店のまどガラスがわれています。体育館に人が集まっています。これから、ひなん生活が始まります。」

ことば

さくじつ　＝　きのう

大がた　　　日本列島　　　じゅうだん

ようす　　　大きな　　　水道かん

ひなん生活

| 自動詞 <small>じどうし</small> | | 他動詞 <small>たどうし</small> |

木が　たおれます

木を　たおします

電気が　消えます

電気を　消します

道路が　こわれます

道路を　こわします

石が　落ちます

石を　落とします

水が　出ます

水を　出します

ガラスが　われます

ガラスを　わります

人が　集まります

人を　集めます

みんな、きて！

ひなん生活が　始まります

ひなん生活を　始めます

	9月7日	9月8日
	台風	ひなん生活　→

244

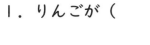 **いいましょう**

1 絵を見て、正しいことばを言いましょう。

1. りんごが（　　　　　　） 　りんごを（　　　　　）

2. 火が（　　　　） 　火を（　　　　）

3. 家が（　　　　） 　家を（　　　　）

4. はっぱが（　　　　　） 　はっぱを（　　　　　）

2 （　）の中の正しいひらがなをえらんで、言いましょう。

1. おぼん（が・を）おちました。そして、おさら（が・を）われました。

2. あは手でドア（が・を）あけますが、いは自動でドア（が・を）あきます。　あ　　　い

3. サラダ（が・を）のこりました。ほしい人は、手（が・を）あげてください。

4. 消しゴムで字（が・を）消して、消しカス（が・を）集めます。

3 正しい文には（　）に〇を、まちがっている文には×を書きましょう。また、正しい文に直して言いましょう。

1.（　　）教科書をランドセルに入ります。

2.（　　）これから、朝の会が始めます。

3.（　　）牛にゅうがこぼしました。

4.（　　）まどをあけて、きれいな空気を入れます。

📖 よみましょう

①

　太陽は、東からのぼります。そして、夕方、西にしずみます。太陽がのぼると、空気が温まり、気温が上がります。太陽がしずむと、空気がひえて、気温が下がります。

　昼間、太陽と反対がわの地面に、黒いかげができます。太陽が高いとき、かげは短くなります。太陽がひくいとき、かげは長くなります。

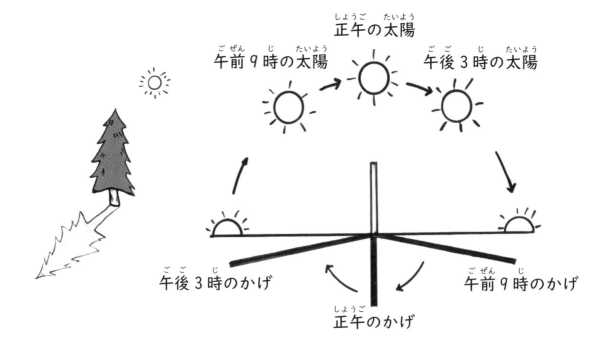

正午の太陽

午前9時の太陽

午後3時の太陽

午後3時のかげ

正午のかげ

午前9時のかげ

②

　かい中電とうの中には、豆電球とかん電池が入っています。豆電球につながっているどう線を、かん電池のプラス（＋）きょくとマイナス（－）きょくにつなぎます。すると、電気が通ります。そして、豆電球に明かりがつきます。どうして、明かりがつきますか。

　それは、電気の通り道ができたからです。電気の通り道を「回路」といいます。回路にいろいろなものを入れて、じっけんしました。くぎやはさみを入れた回路は、明かりがつきました。しかし、わりばしやじょうぎを入れた回路は、明かりがつきませんでした。

```
まとめ
　　金ぞく（鉄、アルミニウム、銅など）…　電気を通す
　　金ぞくい外（木、紙、ゴム、ガラス、プラスチックなど）
　　…　電気を通さない
```

5合目

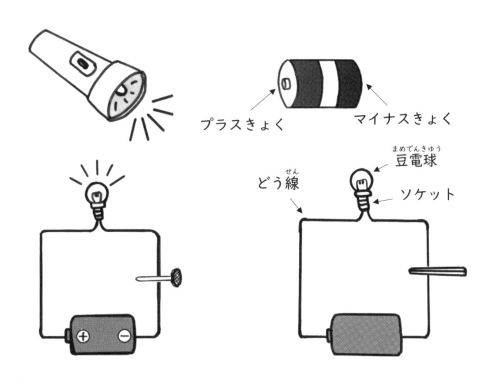

プラスきょく　　　マイナスきょく

豆電球
どう線　　　　　　ソケット

おにごっこ

受身形

 おぼえましょう

・あゆみさんは、カイさんに追いかけられました。

・あゆみさんは、カイさんにせなかをタッチされました。

① よびます → よばれます　②ほめます → ほめられます

れ　　　　　　　　　　　　　　　　られ

③ 来ます → 来られます / します → されます

＊動詞の３つのグループ
（P.204～205）参照
①＝１グループ
②＝２グループ
③＝３グループ

この課のねらい　Can Do
他人から受けた行為や、困った体験を話すことができる。

休み時間に、みんなでおにごっこをしました。おには、カイさんでした。

カイさんは、あゆみさんを追いかけました。**あゆみさんは、カイさんに追いかけられました。**たくさん走って、とてもつかれました。もう走れません。

あゆみさんは、カイさんにせなかをタッチされました。次は、あゆみさんがおにです。

　　あゆみ　「もう走れない。」
　　サム　　「あゆみさん、あゆみさん！」

あゆみさんは、サムさんによばれました。サムさんは、あゆみさんを待っています。手をふっています。あゆみさんは、サムさんの手にタッチしました。

　　サム　　「次は、ぼくが おに！！」

5合目

先生方へ

　受身形は、何かされている人、困っている人、迷惑に思っている人、など動作の対象が主語になります。

　また、日本語の受け身文は、基本的には迷惑な行為を表しますが、主語が無生物になると迷惑の意味がなくなります（「普通選挙制度が定められる」「豆腐は大豆から作られる」など）。社会や理科でよく見られる表現です。

＊この課の本文「おにごっこ」は、低学年向け内容です。年齢に合わせて「web版もういっぽ⑱」の高学年用の読み物をご活用ください。

ことば

追いかけます

よびます

タッチします

（手を）ふります

💬 いいましょう

1 れいのように、形をかえて言いましょう。

1グループ

れい）よびます	よばれます
聞きます	
よごします	
たのみます	
とります	
おこります	
使います	

2グループ

れい）ほめます	ほめられます
まちがえます	
当てます	
わすれます	
見ます	
食べます	

3グループ

しょうかいします	
つれて来ます	

2

1. れいを見て、言いましょう。

れい)

すごい！

先生は、サムさんを ほめます。

サムさんは、先生にほめられます。

① お兄さんは、弟を けりました。

弟は、お兄さんに（　　　　　　　　）。

② 先生は、委員長を よびました。

（　　　　　　　）は、（　　　　　　　）に

よばれました。

③ カイさんは、あゆみさんを 追いかけます。

（　　　　　　　　　　　　　）。

2. れいを見て、言いましょう。

れい)

たろうさんは、けいたさんの せなかを おしました。

けいたさん は 、 たろうさん に せなか を おされ
ました。

① お兄さんは、ぼくの おやつを 食べました。
（　　　　　　　）は、（　　　　　　　）に
おやつを （　　　　　　　）。

② 友だちは、わたしの けしゴムを とりました。
わたしは、（　　　　　　　　　）○
（　　　　　）○（　　　　　　　　　）。

③ 先生は、ぼくの 名前を まちがえました。
（　　　　　　　　　　　　　）。

252

〈大豆〉

　日本の食べ物の中で、何がすきですか。なっ豆やお豆ふ、しょうゆやみそは、すきですか。

　なっ豆、お豆ふ、しょうゆ、みそは、味も形もちがいますが、ぜんぶ、「大豆」から作られています。　大豆は、豆です。大きく育てられたえだ豆です。

　豆ふやなっ豆は、体によくて、けんこうてきな食べ物です。だから、色々な国で売られています。とても人気があります。

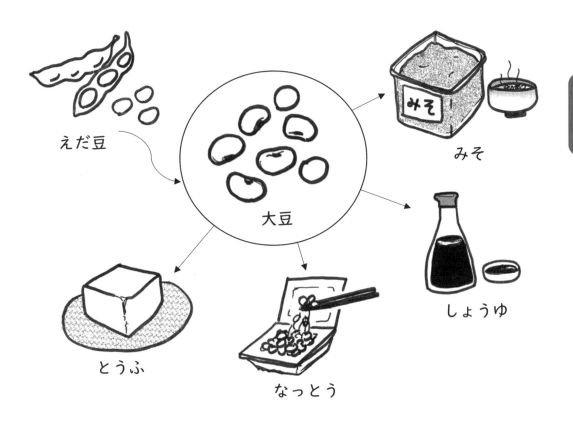

えだ豆

大豆

みそ

しょうゆ

とうふ

なっとう

5合目

14 か お父さん、お母さんの 気持ち

使役形

 おぼえましょう

・わたしは、子どもをじゅくへ行かせます。

・わたしは、子どもにもっと勉強をさせたいです。

・宿題をしなければ、わたしは、子どもにゲームをさせません。

① 読み ます → 読 ま せます ② 食べ ます → 食べさせます
　　　　せ　　　　　　　　　　　　　　　　させ
③ 来ます → 来させます ／ します → させます

この課のねらい　Can Do
保護者の子どもに対する思いや理由の一端を知る。

保ご者会は、先生と保ご者が子どもについて話す会です。お父さん、お母さんは、子どもについて、心配なことがたくさんあります。

お母さんＡ　「中学校は、勉強がむずかしいです。うちの子どもは、あまり勉強しません。ゲームばかりしています。」

お母さんＢ　「わたしは、子どもをじゅくへ行かせます。子どもにもっと勉強をさせたいです。」

お父さんＡ　「宿題をしなければ、わたしは、子どもにゲームをさせません。」

お父さんＢ　「ぼくは、子どもにもっと本を読ませたいです。」

お母さんＡ　「わたしは、仕事で帰りがおそいです。心配だから、子どもにスマホを持たせたいです。」

先生　「子どもに、自分で勉強の目ひょうを立てさせましょう。自分で決めたことは、がんばらせましょう。

スマホはべんりですね。でも、トラブルも多いです。スマホを使う時は気をつけましょう。」

5
合
目

先生方へ

使役表現は、受身表現のように動作の主体と内容がわかりにくい表現です。しかし、子どもの生活で使われることも多い表現です。「誰が」「どうした」を丁寧に確認しましょう。

＊この課を終えたら「web版5合目のふりかえり」で理解を確認しましょう。

保ご者

じゅく

目ひょう 　今年の目ひょうは、かん字を100こ、おぼえることです。

トラブル

心配な

べんりな 　パソコンで買い物をします。何でも買えます。パソコン
　　　　　　は、べんりです。

ひょうげん

〜ばかり 　チョコレートばかり食べる。ゲームばかりしている。
　　　　　　スマホばかり見ている。

自分 　自分でくつしたをはきます。＝　だれも手伝いません。

目ひょうを立てる。 ＝　目ひょうを決める。

💬 **いいましょう**

1 れいのように言いかえましょう。

1. ┌─────────────────────────────┐
　 ┊ れい）飲みます　→　飲ませます　┊
　 └─────────────────────────────┘

　　聞きます　→

　　作ります　→

　　歌います　→

256

2. れい）　食べます　→　食べさせます

開けます　→

おぼえます　→

調べます　→

3. れい）　来ます　→　来させます　/　します　→　させます

勉強をします　→

運動します　→

取って来ます　→

2 れいのように文をかえましょう。

1. れい）　先生は、「立ちましょう。」と言いました。ぼくは、
立ちました。（先生）
→　先生は、ぼくを立たせました。

① お父さんは、「早く歩いて。」と言いました。ぼくは、早く歩きました。（お父さん）　→

② お姉ちゃんは、「急いで。」と言いました。弟は、急ぎました。（お姉ちゃん）　→

2. れい）　ぼくは、ゲームをやめました。（お母さん）
→　お母さんは、ぼくにゲームをやめさせました。

① ぼくは、言葉の意味を調べました。（先生）　→

② わたしは、薬を飲みました。（お医者さん）　→

③ 弟は、へやのそうじをしました。（お母さん）　→

3 ことばをならべて正しい文にしましょう。

1. みんな / ならばせました / 係 / を / は /。

2. へや / を / させました / お母さん / に / 子ども / は / そうじ / の /。

3. 犬 / ボール / 取って来させました / に / ぼく / を / は /。

🗨️ はなしましょう

💬 いいましょう 3で並び替えた文を読んで、「誰が」「何をした」のか確認しましょう。

例　Aさん「だれが部屋のそうじをしましたか。」　Bさん「子どもです。」

　　Aさん「だれが部屋のそうじをさせましたか。」　Bさん「お母さんです。」

📖 よみましょう

　1年生が入学しました。先生は、教えることがたくさんあります。
クラス全員で、体育館へ行きます。「一列にならびましょう。」と、
先生が言います。先生は、子どもたちを一列にならばせます。みんな
は、一列にならびます。ろう下を走ってはいけません。おしゃべりも
してはいけません。先生は、子どもたちをしずかに歩かせます。子ど
もたちは、しずかに歩きます。

　先生は、「みんな、大きい声で元気にあいさつをしましょう。」と言
います。先生は、子どもたちに大きい声であいさつをさせます。子ど
もたちは、大きい声であいさつをします。

 **かきましょう**

　あなたが親（お父さん・お母さん）になった時、子どもにどんなことをさせたいですか。考えて書きましょう。

> れい）　わたしは、子どもに山登りをさせたいです。

5合目

執筆者一覧

●「学校生活のためのにほんご　やまのぼり」作成チーム
加藤美乃里・百瀬千里・西尾　淳・栗林恭子

●作成協力
片田しのぶ・川澄利枝子・木下千夏・波多腰純子・古橋崇子・柳下博江・山口真弓・山口義子

●モニター協力
黒澤雅江・近藤友香里・傳刀美香・林　瑞紀・森　祐子・持山シャロン・渋澤千秋・濱田邦子

●イラスト
大久保順子

●助言・協力
寺島順子（長野県国際化協会日本語学習地域コーディネーター）
川尻年輝（長野県公立学校教諭・県国際教育研究協議会員）
佐藤佳子（長野県地域日本語教育の体制づくり事業総括コーディネーター、NPO法人中信多文化共生ネットワーク日本語教育アドバイザー）
佐藤友則（信州大学グローバル化推進センター教授、NPO法人中信多文化共生ネットワーク代表理事）

●資料提供
松本市教育委員会

学校生活のためのにほんご　やまのぼり

2023年9月5日　初版第1刷発行
著　者　加藤美乃里・百瀬千里・西尾　淳・栗林恭子
発行人　安部英行
発行所　学事出版株式会社
　　　　〒101-0051　東京都千代田区神田神保町1-2-5
電　話　03-3518-9655
https : //www.gakuji.co.jp

編集担当　柴田幸希・二井　豪
装　　丁　高橋洋一
印刷・製本　精文堂印刷株式会社
乱丁・落丁本はお取替えします。

©Minori Kato, Chisato Momose,Sunao Nishio,Kyoko Kuribayashi 2023 Printed in japan
ISBN 978-4-7619-2938-1　C3037